Tobi Thomsen

Persönlichkeiten:
vergangen, aber nicht vergessen

Wo Persönlichkeiten ihre letzte Ruhe fanden

Bibliografische Information der Deutschen Nationalbibliothek:
Die Deutsche Nationalbibliothek verzeichnet diese Publikation mit dem Titel „Persönlichkeiten: vergangen, aber nicht vergessen" in der Deutschen Nationalbibliothek; detaillierte bibliografische Daten sind im Internet über http://dnb.d-nb.de abrufbar.

Tobi Thomsen

Persönlichkeiten:
vergangen, aber nicht vergessen

Wo Persönlichkeiten ihre letzte Ruhe fanden

©opyright by Tobi Thomsen, Hamburg März 2017
Umschlaggestaltung: Tobi Thomsen, Matthias Röhe
Fotos: © FoTe Press / Matthias Röhe (www.FoTe-Press.de)
Alle Rechte vorbehalten. Das Werk ist urheberrechtlich geschützt. Jede Verwendung außerhalb der Freigrenzen des Urheberrechts ohne Zustimmung des Autors ist unzulässig und strafbar. Insbesondere gilt dies für Vervielfältigungen, Übersetzungen, Mikroverfilmungen sowie die Einspeicherung und Verarbeitung in elektronischen Systemen.
Herstellung und Verlag: BoD – Books on Demand, Norderstedt (www.bod.de)
Gedruckt in Deutschland / Printed in Germany
ISBN-13: 978-3-7431-1236-0

Inhalt

Vorwort	Seite	4
Grabstätten von Persönlichkeiten, darunter Politiker, Architekten, Künstler, Musiker, Wohltäter und Stifter, Kaufleute und bedeutende Unternehmer, Juristen, Journalisten, Autoren, Dichter, Medienschaffende, Regisseure, Intendanten und Theaterleiter, Schauspieler, Komponisten, Dirigenten, Sänger, Sportler, Wissenschafter, Historiker.	Seite	5
Am Ende des Buches	Seite	238
Personenverzeichnis	Seite	239
Ortsverzeichnis	Seite	245
Weitere **Produkte** von FoTe Press	Seite	248

Vorwort

Friedhöfe sind etwas Schönes, haben aber etwas Trauriges an sich – immerhin liegen dort verstorbene Menschen. Angehörige nehmen auf verschiedene Art und Weise Abschied von ihren geliebten Personen. Teils sind es ergreifende, humorvolle oder überraschende Grabsteine, Grabplatten oder Grabstelen, teils sind es rätselhafte Gräber und Inschriften. Das Betrachten von Grabstätten ist aber auch für unbeteiligte Personen eine für die menschliche Seele nützliche Beschäftigung. Allen Menschen sei empfohlen, mit dem Tode auf gutem Fuße zu stehen. Immerhin ist der Tod die einzige Sache im Leben, die völlig sicher ist. „Wer früh stirbt, ist länger tot" – mit diesem Spruch versuchen manche Menschen das Missverhältnis auszugleichen, zudem die Zeit steht, die wir leben, zu der endlosen Zeit, die wir tot sind.

Auf dem Grabstein von Volksschauspielerin Heidi Kabel steht treffend formuliert die plattdeutsche Inschrift „To't Leben hört de Dood" („Zum Leben gehört der Tod"). Appropos Schauspielerin: die meisten Menschen gehen regelmäßig auf Friedhöfe, um Grabstätten von Familienangehörigen zu besuchen oder in einigen Fällen auch zu pflegen. Es folgen Gräber von Nachbarn, dann folgen in der „Rangfolge" (wenn bei verstorbenen Personen überhaupt von einer Rangordnung gesprochen werden kann) auch schon Gräber von prominenten Persönlichkeiten. Etwa 82 Millionen Menschen leben in Deutschland, darunter etwa 10.000 prominente Persönlichkeiten. Einige sorgen als TV-Moderator für gute Laune, verkünden als Sprecher Nachrichten, moderieren Radiosendungen, holen Titel in verschiedenen Sportarten nach Deutschland oder prägen beispielsweise als Architekten die Stadtbilder. Nicht zu vergessen Politiker, die in Deutschland die politische Richtung vorgeben und das Land regieren. Mit seinen 16 Bundesländern und 295 Landkreisen bietet Deutschland wunderschöne Plätze, sich häuslich niederzulassen. Meistens werden dann die Personen, die von uns gegangenen sind, auch in ihrem Heimatort oder Geburtsort beerdigt. In einer Auswahl von 305 Kurzbiografien werden in diesem Buch interessante Persönlichkeiten vorgestellt, die in Deutschland ihre einstigen Wohn- und Wirkungsstätten hatten. Von Schauspieler Hans Albers über Witta Pohl, Roger Cicero, Helmut Schmidt, Hellmuth Karasek, Vadim Glowna, Otto Sander, Evelyn Hamann, Helmut Schmidt, Willy Brandt bis zu TV-Journalist Peter von Zahn. Das Buch führt den Leser kreuz und quer zu Friedhöfen in verschiedenen Städten Deutschlands: von Glücksburg im Norden bis Grünwald im Süden, sowie Berlin im Osten und Köln im Westen des Landes. Das Buch soll an die 305 ausgewählten Persönlichkeiten erinnern. Sie haben etwas für Deutschland getan. Direkt und indirekt. Mit diesem Buch soll ihnen etwas postum zurückgegeben werden, damit sie niemals in Vergessenheit geraten. Einige Friedhöfe haben extra Prospekte heraus gegeben (wie beispielsweise der Friedhof Ohlsdorf in Hamburg), damit Besucher unkompliziert zu deren letzte Ruhestätte gehen können. In Berlin gibt es zahlreiche Ehrengräber, die mit einem roten Klinckerstein versehen sind, damit sie ins Auge stechen. Einige Grabstätten werden auch mittels eigener Beschilderung ausgewiesen. Denn eines ist sicher: Personen wollen den prominenten Menschen und ihrer Zeit gedenken, sich aber auch mit anderen Fans austauschen. Deshalb pilgern Menschen Woche für Woche zu den Gräbern. Wer dies nicht persönlich machen kann, für den ist dieses Buch. Zudem mache ich für den deutschsprachigen Raum hier auf die Internetseiten knerger.de, für den internationalen Bereich findagrave.com aufmerksam.

Anita Clara Rée wurde am 9. Februar 1885 geboren und war eine Malerin der Avantgarde, die in der Zeit der Weimarer Republik wirkte. Ab 1905 nahm Anita Rée Malunterricht bei einem Hamburger Künstler (eine reguläre Akademieausbildung für Frauen gab es damals in der Hansestadt nicht), fünf Jahre lang bildete er sie aus. 1912 und 1913 zog es Anita Rée nach Paris – dort lernte sie Aktzeichnen, was in Deutschland für Frauen einen Skandal bedeutet hätte. Am 12. Dezember 1933 beginn sie auf Sylt Suizid. Ein Erinnerungsstein steht auf dem Friedhof Ohlsdorf in Hamburg.

Ivo Hauptmann wurde am 9. Februar 1886 geboren und war ein Maler. Der älteste Sohn von Gerhard Hauptmann war Mitbegründer der Künstlergruppen „Freie Secession" (Berlin 1914) und „Hamburgische Sezession" (1919). Hauptmann gehörte zu den konsequentesten Vertretern des Neoimpressionismus. Schon früh bekundete Hauptmann, dass er Maler werden wolle. Er wurde auf dem Friedhof Hamburg-Ohlsdorf beigesetzt.

Eduard Zimmermann wurde am 4. Februar 1929 in München geboren und war ein deutscher Journalist und Fernsehmoderator. Mit der Fernsehsendung „Aktenzeichen XY… ungelöst" wurde er im deutschen Sprachraum als Verbrechensbekämpfer bekannt. In den 1990er Jahren verantwortete Zimmermann als Gesamtleiter und Berater das SAT.1-Format „K – Verbrechen im Fadenkreuz". Zimmermann lebte im schweizerischen Leukerbad (Wallis). Nach dem Tod seiner Frau Rosemanrie im Januar 2008 zog er zurück nach München. Dort starb er am 19. September 2009 im Christophorus-Hospiz. Er liegt auf dem Münchner Nordfriedhof begraben.

Hans Apel wurde am 25. Februar 1932 in Hamburg geboren und war ein Politiker (SPD). Apel war von 1972 bis 1974 Parlamentarischer Staatssekretär beim Bundesminister des Auswärtigen, von 1974 bis 1978 Bundesminister der Finanzen und von 1978 bis 1982 Bundesminister der Verteidigung. Als 23-Jähriger trat Hans Apel 1955 in die SPD ein. Er starb am 6. September 2011 im Alter von 79 Jahren in einer Hamburger Klinik und ist auf dem Friedhof Ohlsdorf in Hamburg beigesetzt.

Erwin Seeler war ein Fußballspieler, der seine Karriere beim Verein Rothenburgsort 96 in Hamburg begann. Im Jahr 1929 wurde Erwin Seeler mit Lorbeer ATSB-Bundesmeister, ein Erfolg, den die Mannschaft 1931 wiederholte. 1938 war Seeler beim Hamburger SV und wurde mehrmals Nordmark- und Hamburg-Gaumeister (1939, 1941, 1945) und zweimal Meister der britischen Zone (1947, 1948) und absolvierte bis 1949 etwa 200 Pflichtspiele. Erwin Seeler verstarb am 10. Juli 1997, Seeler wurde im Familiengrab auf dem Friedhof Ohlsdorf in Hamburg beigesetzt. Er war Vater von Uwe Seeler (Fußballspieler, Ehrenbürger Hamburgs).

Als Rita Graf in der TV-Serie „Ein Herz und eine Seele" wurde sie bekannt und war bald aus dem deutschen Fernsehen kaum wegzudenken: **Hildegard Krekel**. Mit 15 Jahren stand sie als Schauspielerin für den Film „Die Ratten" vor der Kamera. Dann der große Durchbruch in den 1970er Jahren: Hildegard Krekel wird als Tochter Rita von „Ekel Alfred" in „Ein Herz und eine Seele" zum Fernseh-Kult. Ihre Grabstätte befindet sich auf dem Melaten-Friedhof in Köln.

Detlev von Liliencron wandte sich nach einer kurzen Militärkarriere und einigen Jahren in der Verwaltung seiner Leidenschaft zu und wurde freier Schriftsteller. Seine Lyrik gilt als bedeutende Wegmarke des aufkommenden Naturalismus des späten 19. Jahrhunderts. Detlev von Liliencron starb am 22. Juli 1909 an einer Lungenentzündung. Seine Grabstätte befindet sich auf dem Friedhof in Hamburg-Rahlstedt.

Er wurde durch seine Rolle als Professor Brinkmann in 70 Folgen der Fernsehserie „Die Schwarzwaldklinik" (1985–1988, 28 Millionen Zuschauer pro Folge) bekannt: **Klausjürgen Wussow**. Aufgrund des enormen Erfolges der Krankenhaus-Serie im Glottertal schied er 1986, nach letzten Theaterauftritten in Wien, aus dem Ensemble des Burgtheaters aus. Er starb am 19. Juni 2007. Seine letzte Ruhe fand Klausjürgen Wussow auf dem Friedhof Heerstraße in Berlin.

Joachim Wolff war ein Schauspieler und wurde von dem Hamburger Theaterleiter und Schauspieler Helmuth Gmelin ausgebildet. Es folgten danach mehrere Engagements an verschiedenen Theaterbühnen, unter anderem in Hamburg, Bremen und Lübeck. Joachim Wolff war darüber hinaus für den Hörfunk tätig und arbeitete unter anderem für den Schulfunk des Norddeutschen Rundfunks (NDR). In den 1950er Jahren gelang im der Sprung ins Fernsehen. Seine letzte Ruhestätte fand er auf dem Friedhof Bernadottestraße in Hamburg.

Wilhelm Maertens wurde am 30. Oktober 1893 geboren und war ein Schauspieler, Theaterregisseur, Theaterintendant und Schauspiellehrer. Willy Maertens verstarb am 28. November 1967 in Hamburg und wurde auf dem Friedhof Ohlsdorf beigesetzt. Die Grabstätte ist zwischenzeitlich aufgelöst, der Grabstein (Foto links) jedoch im „Garten der Frauen" wieder aufgestellt worden.

John Olden war ein in Österreich geborener Fernsehregisseur, Filmproduzent und Drehbuchautor, dessen Inszenierungen deutsche Fernsehgeschichte machten. Für den Norddeutschen Rundfunk (NWDR) inszenierte er in der Zeit von 1953 bis 1965 über 40 Fernsehspiele. John Olden erhielt Schauspielunterricht und bekam anschließend ein Engagement am Volkstheater in Wien. Er betätigte sich zudem als Kabarettist. Im Jahr 1949 erhielt er eine Lizenz für die Produktion von Spielfilmen und gründete die Firma „Sphinx-Film GmbH", die jedoch 1949–1950 nur zwei Filme („Meine Nichte Susanne" und „Cuba-Cocktail") produzierte. Olden arbeitete danach als Funkregisseur und Produzent für Fernsehsendungen beispielsweise „Maxim auf Reisen" oder „1:0 für…Düsseldorf" mit Peter Frankenfeld. Er ruht auf dem Friedhof Ohlsdorf in Hamburg, neben seiner Frau Inge Meysel (Seite 36).

Johann Hinrich Wichern gilt als bedeutender Kirchenreformer des 19. Jahrhunderts, Begründer der Diakonie und des Konzeptes der Inneren Mission. Er war ein Theologe, Sozialpädagoge und Gefängnisreformer. Um Kindern zu helfen (sie zu retten),kam er auf die Idee, 1833 das Rauhe Haus zur „Rettung verwahrloster und schwer erziehbarer Kinder" zu gründen. Er wurde auf dem Friedhof in Hamburg-Hamm beigesetzt, der heute ein historischer Ort mit Gräbern bedeutender sozial engagierter Hamburger ist.

Rudi Carrell wurde am 19. Dezember 1934 in Alkmaar (Niederlande) geboren und war ein niederländischer Showmaster. Er hatte im niederländischen und deutschen Fernsehen Shows, darunter die bedeutendste Unterhaltungsshow der 1970er Jahre im deutschen Fernsehen „Am laufenden Band". Er lebte seit 1965 mit Unterbrechungen in Deutschland. Er starb am 7. Juli 2006 im Alter von 71 Jahren im Klinikum Bremen-Ost. Rudi Carrell wurde am 25. Juli 2006 auf dem Friedhof im niedersächsischen Heiligenfelde (Syke) beigesetz.

Im ersten Viertel des 20. Jahrhunderts hatte die Hamburger Oper mit ebenso markanten wie international erfolgreichen Sängern aufzuwarten. Zu ihnen zählte Bassist **Max Lohfing**, der am 20. Mai 1870 das Licht der Welt erblickte. Fast vier Jahrzehnte lang war Lohfing der Liebling der Hamburger Opernbesucher. Im Jahr 1902 nahm er als festes Besetzungsmitglied des Hunding bei den Bayreuther Festspielen teil. Der Künstler Max Lohfing beherrschte über 170 Partien. Seine letzte Ruhestätte fand Lohfing auf dem Friedhof Ohlsdorf in Hamburg. Dort erinnert ein Grabstein mit Notenbild an ihn.

Michael Jary komponierte für den deutschen Tonfilm und sorgte für zahlreiche bekannte Ohrwürmer. Unter anderem „Das kann doch einen Seemann nicht erschüttern", „Das machen nur die Beine von Dolores" oder „Ich weiß, es wird einmal ein Wunder gescheh'n". Er starb am 12. Juli 1988, sein Grab befindet sich auf dem Friedhof Ohlsdorf in Hamburg.

Werner Otto wurde am 13. August 1909 geboren und war ein Unternehmer. Er war als Gründer eines Versandhauses („Otto Versand") am Wiederaufbau der deutschen Wirtschaft nach dem Zweiten Weltkrieg beteiligt und gilt als einer der Wirtschaftspioniere der Bundesrepublik. Die Familie Otto belegt auf Grund des erworbenen Vermögens auf der Liste der reichsten Deutschen regelmäßig einen der ersten Plätze. Die (Familien-) Grabstätte befindet sich auf dem Friedhof Ohlsdorf in Hamburg.

Carsten Diercks war ein erfolgreicher Dokumentarfilmer. Diercks begann seine Laufbahn nach dem Ende des Zweiten Weltkrieges zunächst als Bildjournalist und Mitarbeiter beim Hörfunk im Nordwestdeutschen Rundfunk.

Harry Meyen (eigentlich Harald Haubenstock) war ein Schauspieler und Regisseur. Meyens berufliche Laufbahn begann 1945 am Hamburger Thalia Theater. Es folgten Engagements in zahlreichen Kinoproduktionen, in der Verfilmung „Des Teufels General" spielte er 1955 einen jungen Fliegeroffizier, dem Curd Jürgens als General Harras ins Gewissen redet. Ab Mitte der 1960er Jahre wandte sich Meyen wieder verstärkt der Bühnentätigkeit zu und erwarb sich den Ruf eines bekannten und versierten Boulevard-Schauspielers und -Regisseurs. Mehrfach war er in Serien wie „Der Kommissar", „Derrick", „Ein Fall für Sie!" oder „Der Alte" zu sehen. Auch wirkte er in Filmen wie „Schließfach 76" und „Der Tag des Zornes" mit. Sein Grab liegt in Hamburg-Ohlsdorf.

Ernst von Klipstein war ein Schauspieler und Synchronsprecher. 1939 gab Ernst von Klipstein in Arthur Maria Rabenalts „Flucht ins Dunkel" sein Spielfilmdebüt. Er spielte bis Kriegsende in zahlreichen UFA-Produktionen meist markante Nebenrollen. Ab Ende der 1940er Jahre spielte von Klipstein nur noch in wenigen Filmproduktionen mit. Er starb am 22. November 1993 im Alter von 85 Jahren in Hamburg und wurde auf dem dortigen Waldfriedhof Volksdorf beigesetzt.

Peter Beil war ein Musiker und Schlagersänger. Der Durchbruch als Sänger gelang ihm 1961 mit dem Erfolgstitel „Corinna, Corinna". Einen weiteren Hit hatte er mit „Fremde in der Nacht". 1984 stieg er als Trompeter bei der Hazy Osterwald Band ein. Peter Beil verkaufte insgesamt sieben Millionen Platten und trat in mehr als 300 TV-Sendungen auf. 1962 trat Peter Beil auch in einem Schlagerfilm auf: mit seinem Titel „Carolin-Carolina" wirkte er im Film „Tanze mit mir in den Morgen" als Darsteller mit. Er ist der Vater der Moderatorin und Schauspielerin Caroline Beil. Er wurde auf dem Altonaer Friedhof in Hamburg beigesetzt.

Ernst Grabbe wurde am 26. Februar 1926 in Hamburg geboren und war ein deutscher Theater- und Fernsehschauspieler. Er wirkte unter anderem in „Stahlnetz" und „Hafenpolizei" mit.
Ernst Grabbe starb kurz vor seinem 80. Geburtstag und wurde in der Familiengrabstätte auf dem Rahlstedter Friedhof in Hamburg beigesetzt.

Hans Freundt war Schauspieler. Außerdem war er als Hörfunkmoderator, und -sprecher, sowie Hörspielregisseur und Autor tätig. Bereits im Alter von 16 Jahren begann Hans Freundt 1908 seine Schauspielkarriere, kam 1924 zur Nordischen Rundfunk AG (NO-RAG). Hans Freundt fand nach Kriegsende eine Anstellung beim NWDR Hamburg und wurde dort Leiter des Kinderfunks, später auch der Niederdeutschen Abteilung. Er wurde auf dem Friedhof Ohlsdorf beerdigt.

James Last machte sich einen Namen als Bandleader, Komponist, Arrangeur und Musikproduzent. Zu den sehr bekannten Eigenkompositionen Lasts gehören die Serienmelodien „Der Landarzt", „Das Traumschiff" und „Zwei Münchner in Hamburg". James Last prägte mit seinem 40-köpfigen Orchester den zur Stilrichtung des Easy Listening gehörenden „Happy Sound", mit dem er ab 1965 etwa zwei Jahrzehnte lang einen großen Erfolg hatte. Seine Grabstätte befindet sich auf dem Friedhof Ohlsdorf in Hamburg.

Conrad Ahlers wurde am 8. November 1922 in Hamburg geboren und war ein deutscher Journalist und Politiker (SPD). Conrad Ahlers war 1947 Mitbegründer der Jungen Union. 1949 wurde er Redakteur beim „Sonntagsblatt". 1968 trat Ahlers der SPD bei. In der Regierungszeit des Bundeskanzlers Willy Brandt war er von 1969 bis 1972 als beamteter Staatssekretär Regierungssprecher und Chef des Presse- und Informationsamtes der Bundesregierung, dessen stellvertretender Leiter er zuvor in der großen Koalition von 1966 bis 1969 gewesen war.

Willy Fritsch war ein Schauspieler. Er hinterlässt ein Filmwerk von über 120 Filmen. Er wirkte in diversen Heimatfilmen wie beispielsweise „Grün ist die Heide" mit. Er starb am 13. Juli 1973 in seiner Heimatstadt Hamburg. Willy Fritsch wurde auf dem dortigen Friedhof Ohlsdorf beigesetzt.

Hermann Rockmann begann ab 1940 eine Ausbildung in der Nachwuchsabteilung der Reichs-Rundfunk-Gesellschaft und war in den späten 1940er und 50er Jahren als Hörfunk-Reporter beim Nordwestdeutschen Rundfunk (NWDR) im Einsatz. Ab 1953 arbeitete er als Chefreporter des Hörfunks beim Norddeutschen Rundfunk (NDR) in der Rothenbaumchaussee und war später Leiter der dortigen Reportageabteilung. Hermann Rockmann war der erste Moderator der Sendung „Gruß an Bord" und leitete von 1964 bis zu seiner Pensionierung im Jahr 1982 die legendäre Radiosendung „Hamburger Hafenkonzert", die noch heute sonntäglich ausgetrahlt wird. Sein Grab ist auf dem Friedhof Ohlsdorf in Hamburg.

Siegfried Lenz war ein Schriftsteller und einer der bekanntesten deutschsprachigen Erzähler der Nachkriegs- und Gegenwartsliteratur. Als sein wichtigstes Werk gilt der in viele Sprachen übersetzte und verfilmte Roman „Deutschstunde" (1968) über die Zeit des Nationalsozialismus.

Beate Uhse wurde am 25. Oktober 1919 in Wargenau bei Cranz (Ostpreußen) geboren und zählt zu Deutschlands ersten Pilotin. Außerdem war sie eine sehr erfolgreiche Unternehmerin. Beate (eigentlich Rotermund-) Uhse war eine Kunstflug-Pilotin und gründete nach dem Zweiten Weltkrieg in Flensburg den ersten Sexshop der Welt. Heute ist die börsennotierte Beate Uhse AG einer der großen Marktteilnehmer im „erotischen Zubehörhandel". Nach ihr wurde der Erotikkanal Beate-Uhse.TV von Sky benannt.

Alexander Behm wurde am 11. November 1880 in Sternberg (Mecklenburg) geboren und war ein deutscher Physiker. Behm ist Erfinder des Echolots (dem Vorläufer des Sonars). Das Echolot bleibt nicht die einzige Erfindung Behms. Der Tüftler meldet insgesamt 110 Patente an, darunter die „unhörbare" Hundepfeife. Sein Grab ist in Oeversee bei Flensburg.

Jens-Werner Fritsch wurde am 27. November 1947 in Hamburg und war ein Schauspieler, Regisseur und Hörspielsprecher. Er starb am 28. Januar 1995 und wurde auf dem Friedhof Ohlsdorf in Hamburg beigesetzt.

Erich Klabunde wurde am 20. Februar 1907 in Hamburg geboren und war ein Journalist und Politiker der SPD, der die Gründung des Nordwestdeutschen Rundfunks und die Grundlegung eines sozialen Wohnungsbaus im Nachkriegsdeutschland vorantrieb. Erich Klabunde starb am 21. November 1950, seine letzte Ruhe fand er auf dem Friedhof Ohlsdorf in Hamburg.

Heinz Haber wurde am 15. Mai 1913 in Mannheim geboren und war ein deutscher Physiker, Schriftsteller und Fernsehmoderator. Heinz Haber hatte eine 13-teilige Sendereihe mit dem Titel „Was sucht der Mensch im Weltraum?" moderiert.

Diese Sendung wurde erstmals im Jahre 1968 im ARD-Abendprogramm ausgestrahlt und vermittelte einem breiten Publikum auf einfache Art und Weise die Grundlagen der Weltraumwissenschaften.

Heinz Haber starb am 13. Februar 1990 in Hamburg. Dort fand er auf dem Friedhof Blankenese seine letzte Ruhestätte.

Erwin Bootz wurde am 30. Juni 1907 in Stettin geboren und war ein deutscher Pianist und Unterhaltungskünstler. Er war von 1928 bis 1938 Mitglied des Berliner Ensembles Comedian Harmonists. Sein Grab befindet sich auf dem Friedhof Blankenese in Hamburg.

Heinz Erhardt wurde am 20. Februar 1909 in Riga geboren und war ein Komiker, Musiker, Komponist, Unterhaltungskünstler, Kabarettist, Schauspieler und Dichter. Er starb am 5. Juni 1979 in Hamburg und wurde dort auf dem Friedhof Ohlsdorf beigesetzt.

Ida Ehre wurde am 9. Juli 1900 geboren und war eine österreichisch-deutsche Schauspielerin, Regisseurin und Theaterleiterin. Sie starb am 16. Februar 1987, ihr Grab ist auf dem Friedhof Ohlsdorf in Hamburg.

Richard Ohnsorg wurde am 3. Mai 1876 in Hamburg geboren und war ein deutscher Bibliothekar, Theaterleiter und Schauspieler. Bekannt geworden ist Richard Ohnsorg als Gründer, Leiter und Schauspieler der Niederdeutschen Bühne Hamburg e. V., dem späteren Ohnsorg-Theater. Außerdem arbeitete er beim Hörfunksender NORAG als Hörspielsprecher. Er starb am 11. Mai 1947 und wurde auf dem Friedhof Ohlsdorf in Hamburg beigesetzt.

Horst Frank war Schauspieler sowie Hörspiel- und Synchronsprecher. Durch sein Mitwirken in den Krimiserien „Der Kommissar", „Derrick" und „Der Alte" wie auch mit seiner Rolle als Baron de Lefouet in dem Mehrteiler „Timm Thaler" (1979) festigte er seine Fernsehkarriere. Er starb am 25. Mai 1999. Er wurde ebenfalls auf dem Friedhof Ohlsdorf in Hamburg beigesetzt.

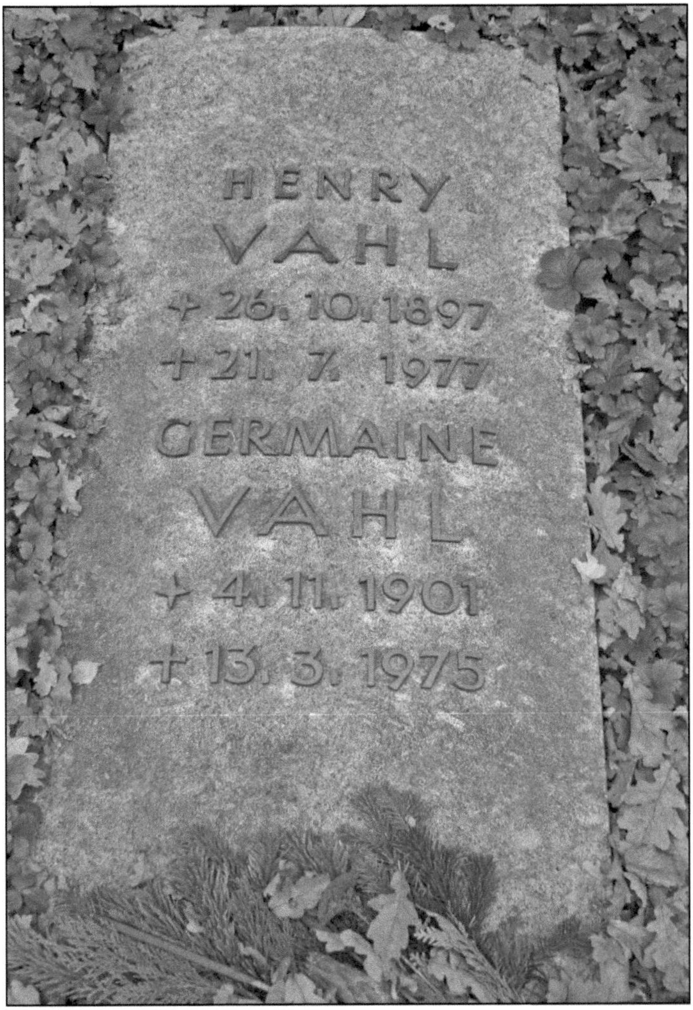

Henry Vahl wurde am 26. Oktober 1897 in Hamburg geboren und war ein deutscher Schauspieler. Nach einer mehr als vierzigjährigen Karriere, die ihn auf zahlreiche, insbesondere norddeutsche Bühnen führte, gelangte er in den 1950er Jahren ans Hamburger Ohnsorg-Theater, wo er zum beliebten Volksschauspieler wurde, der in komischen Rollen vor allem kauzige, ältere Typen spielte. Durch zahlreiche Fernsehübertragungen verschiedener Theaterstücke erlangte Vahl bundesweiten Ruhm und avancierte zum beliebten „Fernseh-Opa", wie es in der Hamburgischen Biographie (Personenlexikon) nach zu lesen ist. Sein Grab ist auf dem Friedhof Ohlsdorf in Hamburg.

Werner Veigel war ein deutscher Nachrichtensprecher und Radiomoderator. 1966 wurde er Sprecher der Tagesschau, ab 1987 war er – als Nachfolger von Karl-Heinz Köpcke – Chefsprecher. Er starb am 2. Mai 1995 und wurde ebenfalls auf dem Friedhof Ohlsdorf in Hamburg beigesetzt.

Carl Voscherau wurde am 24. Dezember 1900 in Hamburg geboren und war ein deutscher Schauspieler, Hörspiel- und Synchronsprecher. Als Hörspielsprecher war er beim NWDR Hamburg und dessen späteren Rechtsnachfolger, dem NDR in zahlreichen Produktionen in unterschiedlichen Genres zu hören. Am 24. August 1963 starb Voscherau, er wurde auf dem Friedhof Ohlsdorf in Hamburg beigesetzt.

Wolfgang Kieling wurde am 16. März 1924 in Berlin-Neukölln geboren und war ein deutscher Schauspieler und Synchronsprecher. Er starb 61-jährig in einem Krankenhaus in Hamburg nach einer Operation, der er sich aufgrund eines Krebsleidens unterziehen musste. Sein Grab befindet sich auf dem Friedhof Ohlsdorf in Hamburg.

Wolfgang Borchert war ein Schriftsteller. Sein schmales Werk von Kurzgeschichten, Gedichten und einem Theaterstück machte Borchert nach dem Zweiten Weltkrieg zu einem der bekanntesten Autoren der Trümmerliteratur. Mit seinem Drama „Draußen vor der Tür" konnten sich in der Nachkriegszeit weite Teile des deutschen Publikums identifizieren. Während eines Kuraufenthalts in der Schweiz starb er mit 26 Jahren an den Folgen einer Lebererkrankung, er wurde auf dem Friedhof Ohlsdorf in Hamburg beerdigt.

Hannelore „Loki" Schmidt war eine Pädagogin und Botanikerin, Natur- und Pflanzenschützerin. Außerdem war sie Buchautorin. Ihr Grab ist auf dem Friedhof Ohlsdorf in Hamburg.

Dieter Seeler wurde am 15. Dezember 1931 im Hamburger Stadtteil Rothenburgsort geboren und war ein deutscher Fußballspieler. Von 1952 bis 1963 absolvierte er in der damals erstklassigen Oberliga Nord insgesamt 276 Pflichtspiele und erzielte 76 Tore. Als aktiver Spieler des Hamburger SV gewann er 1960 die Deutsche Fußballmeisterschaft und 1963 den DFB-Pokal. In die Zeit der Oberliga fielen seine größten Erfolge: achtmal in Serie von 1956 bis 1963 wurde er Norddeutscher und 1960 als Krönung einmal Deutscher Meister, Seine letzte Ruhestätte fand er auf dem Friedhof Ohlsdorf.

Walter Voscherau wurde am 10. Januar 1903 in Hamburg geboren und war ein Volksschauspieler und Hörspielsprecher, der insbesondere durch seine Rollen am Hamburger Ohnsorg-Theater bekannt geworden ist . Er war zeitweilig auch Geschäftsführer des Theaters. Walter Voscherau (auch als Walter Scherau bekannt) wirkte weiterhin in drei deutschen Spielfilmen und einigen Fernsehproduktionen mit. Er war in mindestens 16 Fernsehaufzeichnungen aus dem Ohnsorg-Theater zu sehen. Er starb am 12. Mai 1962 und wurde auf dem Friedhof Ohlsdorf in Hamburg beigesetzt.

Karl-Heinz Köpcke wurde am 29. September 1922 in Hamburg geboren und war ein deutscher Nachrichtensprecher. Seine langjährige Präsenz am Bildschirm – er war Tagesschau-Sprecher vom 2. März 1959 bis 10. September 1987, seit 1964 Chefsprecher – und sein stets korrektes und seriöses Auftreten brachte ihm den Beinamen „Mr. Tagesschau" ein. Er starb am 27. September 1991 und wurd eauf dem Friedhof Ohlsdorf in Hamburg beigesetzt.

Elsa Teuffert war eine deutsche Politikerin der FDP. Elsa Teufferts Grabstein ist zur bleibenden Erinnerung im Garten der Frauen des Friedhofs Ohlsdorf aufgestellt.

Albert Hehn wurde am 17. Dezember 1908 geboren und war ein deutscher Schauspieler. 1938 kam Hehn zu seiner ersten Filmrolle in dem Propagandafilm „Kameraden auf See", danach wurde er immer wieder als vorbildlicher Wehrmachtsoffizier eingesetzt. In „Sensationsprozeß Casilla" (1939) spielte er einen Deutschen, der im Ausland zu Unrecht angeklagt wird, in „Jungens" (1941) einen Lehrer, in „Familie Buchholz" (1944) einen Kunstmaler. Er starb am 29. Juli 1983 in Hamburg und wurde auf dem dortigen Friedhof Ohlsdorf begraben.

Michael Westphal war ein deutscher Tennisspieler. Bekannt wurde er einer breiten Öffentlichkeit in Deutschland durch seine Einsätze in der deutschen Davis-Cup-Mannschaft, der er zwischen 1982 und 1986 angehörte und für die er 19 Einzelpartien bestritt.

Annie Kalmar wurde am 14. September 1877 in Frankfurt am Main geboren und war eine deutsche Theaterschauspielerin. Von 1895 bis 1900 spielte sie am Deutschen Volkstheater Wien. Im Jahr 1900 wechselte sie zum Deutschen Schauspielhaus Hamburg, konnte jedoch wegen ihrer Erkrankung an Schwindsucht nicht mehr auftreten. Sie verstarb im Alter von nur 23 Jahren am 2. Mai 1901 in Hamburg, wo sie auf dem Friedhof Ohlsdorf ihre letzte Ruhestätte fand.

John Jahr wurde am 27. Dezember 1933 in Hamburg geboren war ein deutscher Verleger. Er war der älteste Sohn von John Jahr, einem insbesondere im Nachkriegsdeutschland wichtigen Verleger. Das Grab befindet sich auf dem Ohlsdorfer Friedhof in einem Familiengrab. Dort liegt auch sein Bruder Alexander Jahr, ebenfalls Verleger und Rechtsanwalt.

Gustaf Gründgens wurde am 22. Dezember 1899 in Düsseldorf geboren und war ein deutscher Schauspieler, Regisseur und Intendant. Seinen Künstlernamen Gustaf Gründgens benutzte er nachweislich erstmals 1921. Er starb am 7. Oktober 1963 und wurde auf dem Friedhof Ohlsdorf in Hamburg beigesetzt.

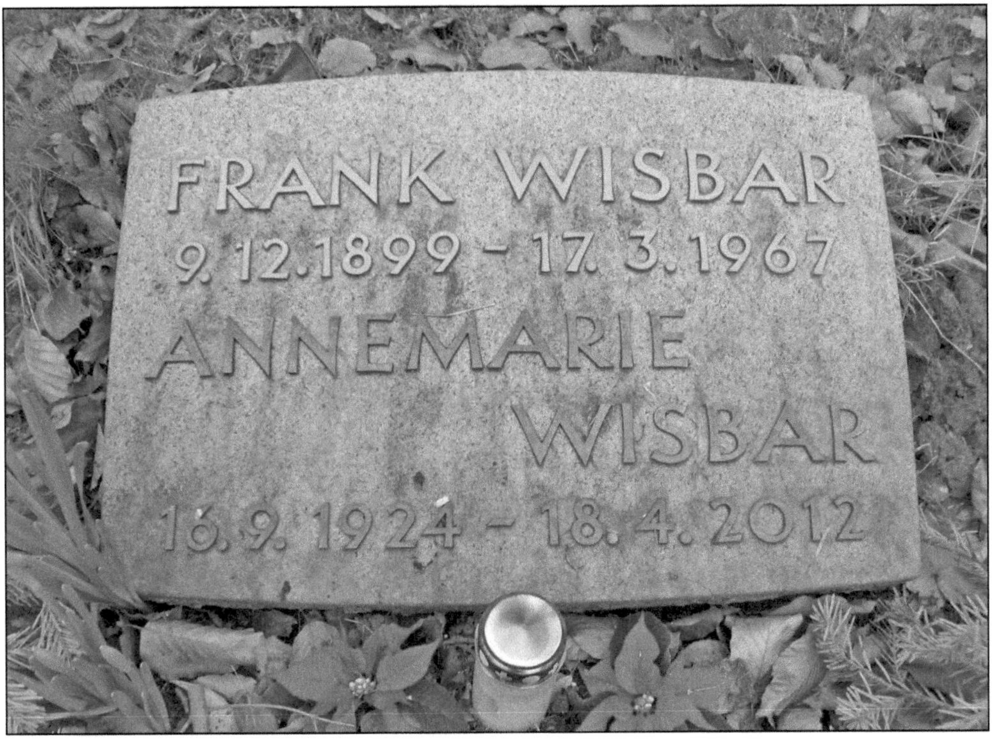
FRANK WISBAR
9.12.1899 – 17.3.1967
ANNEMARIE
WISBAR
16.9.1924 – 18.4.2012

Helmut
Zacharias
+27.1.1920
+28.2.2002

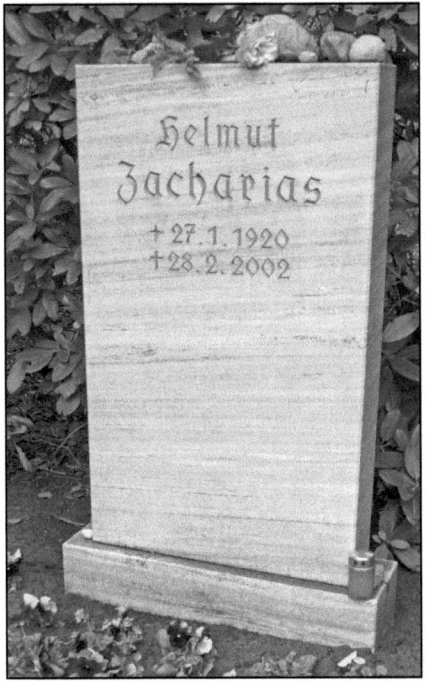

Frank Wisbar wurde am 9. Dezember 1899 geboren und gilt als bedeutender Filmregisseur des 20. Jahrhunderts. Wisbar feierte sowohl mit deutschsprachigen Werken als auch mit amerikanischen Filmen und TV-Serien Erfolge. Frank Wisbar arbeitete mit zahlreichen Schauspielern zusammen, die den deutschen Nachkriegsfilm und das deutsche Fernsehen seit den 1950er-Jahren geprägt haben, darunter Dietmar Schönherr, Brigitte Horney, Horst Frank und Günter Pfitzmann. Zu seinen bekanntesten Werken gehört „Hunde, wollt ihr ewig leben“. Frank Wisbar starb am 17. März 1967 in und wurde auf dem Friedhof Ohlsdorf in Hamburg beigesetzt.

Helmut Zacharias wurde am 27. Januar 1920 geboren und war ein bekannter deutscher Violinist und Komponist. Zacharias komponierte etwa 450 und arrangierte mehr als 1.400 Titel. Weltweit verkaufte er über 14 Millionen Schallplatten und CDs. Seine Grabstätte ist auf dem Friedhof Ohlsdorf in Hamburg zu finden.

Carl Gottfried Wilhelm Heinrich Hagenbeck wurde am 10. Juni 1844 geboren und war ein deutscher Tierhändler, Völkerschauausrichter und Zoodirektor. Er revolutionierte und beeinflusste weltweit die Zooarchitektur durch die Erfindung naturalistischer Freigehege. Am 5. Mai 1907 eröffnete Hagenbeck den ersten gitterlosen Zoo der Welt, der noch heute als Tierpark Hagenbeck existiert. Sein Grab befindet sich auf der Familiengrabstätte auf dem so genanten „Millionenhügel" auf dem Friedhof Ohlsdorf in Hamburg.

Jürgen Roland wurde am 25. Dezember 1925 in Hamburg geboren und war ein deutscher Fernseh- und Filmregisseur und Schauspieler. Aus seinen Erfahrungen und Erlebnissen als Polizeireporter konzipierte Roland die Kultserie „Großstadtrevier". Er starb am 21. September 2007 im Alter von 81 Jahren. Seine Grabstätte befindet sich auf dem Friedhof Ohlsdorf in Hamburg.

Walther Bullerdiek wurde am 24. Januar 1901 in Hamburg geboren und war ein deutscher Schauspieler, Hörspielsprecher und Komponist. 1944 hatte Walther Bullerdiek, der in seiner Laufbahn in mehreren hundert Rollen auf der Bühne gestanden hatte, seine Kollegin Magda Bäumken (ebenfalls eine Theaterschauspielerin und Hörspielsprecherin) geheiratet. Er starb nach langer schwerer Krankheit im Oktober 1971. Sein Grab wurde zwischenzeitlich aufgelassen. Der Grabstein von Walther Bullerdiek und Magda Bäumken steht beiden zu Ehren im Garten der Frauen auf dem Friedhof Ohlsdorf in Hamburg.

Hans Albers wurde am 22. September 1891 in Hamburg geboren und war ein deutscher Schauspieler und Sänger, der als „blonder Hans" zum Volksidol wurde. Albers starb am 24. Juli 1960 und wurde auf dem Friedhof Ohlsdorf in seiner Geburtsstadt Hamburg beigesetzt.

Helmut Schmidt war ein deutscher Politiker der SPD und von 1974 bis 1982 der fünfte Bundeskanzler der Bundesrepublik Deutschland. Ab 1961 war Schmidt Senator der Polizeibehörde in Hamburg und erlangte während der Sturmflut 1962 als Krisenmanager große Popularität. Von 1983 bis zu seinem Tod war er Mitherausgeber der Wochenzeitung Die Zeit. Helmut Schmidt starb am 10. November 2015 in seinem Haus in Hamburg.

Inge Meysel war eine deutsche Schauspielerin. Sie starb 94-jährig in Bullenhausen bei Hamburg und wurde auf dem Friedhof Ohlsdorf in Hamburg beigesetzt.

Kay Sabban wurde am 26. Juli 1952 geboren und war ein deutscher Schauspieler. Sabban arbeitete als Schauspieler auf Bühne, in Film und Fernsehen. Er spielte in zahlreichen Serien wie dem „Tatort", „Hotel Paradies", „Insel der Träume" und „St. Pauli Landungsbrücken" mit. Einem breiten Publikum wurde er vor allem durch die Rolle des Motorradpolizisten Neithardt Köhler bekannt, die er von 1986 bis 1992 in der Fernsehserie „Großstadtrevier" spielte. Seine letzte Ruhestätte fand Kay Sabban auf dem Friedhof Ohlsdorf in Hamburg.

Josef Dahmen war ein deutscher Schauspieler und Synchronsprecher. Dahmen war mit der Schauspielerin Gisela von Collande (Seite 103) verheiratet. Josef Dahmen ruht auf dem Ohlsdorfer Friedhof neben seiner Frau.

Kurt Adolf Körber war ein deutscher Unternehmer im Bereich des Maschinen- und Anlagenbaus. 1946 gründete er die Hauni Maschinenfabrik in Hamburg-Bergedorf, die vor allem mit der Herstellung von Maschinen für die Fabrikation von Filterzigaretten bekannt geworden ist. Körber gilt als eine der großen Unternehmerpersönlichkeiten der Nachkriegszeit in der Bundesrepublik. Sein Grab ist auf dem Friedhof Bergedorf in Hamburg.

Lothar Bisky wurde am 17. August 1941 geboren und war ein deutscher Politiker (PDS/Die Linke) und Mitglied des Europäischen Parlaments. Zusammen mit Oskar Lafontaine fungierte Bisky von 2007 bis 2010 als Vorsitzender der Partei „Die Linke". Er starb kurz vor seinem 72. Geburtstag am 13. August 2013 und wurde auf dem Dorotheenstädtischen Friedhof in Berlin beigesetzt.

Ernst Litfaß wurde am 11. Februar 1816 in Berlin geboren und war Druckereibesitzer und Verleger. Er hat sich als Erfinder der nach ihm benannten Litfaßsäule im Volksmund einen Namen als der „Säulenheilige" gemacht. Für den unentgeltlichen Anschlag von 192 Kriegsdepeschen wurde er mit dem Königlichen Kronen-Orden (Preußen) samt den Insignien des roten Johanniterkreuzes ausgezeichnet.

Heinrich Mann wurde am 27. März 1871 in Lübeck geboren und war ein deutscher Schriftsteller und der ältere Bruder von Schriftsteller Thomas Mann, in dessen Schatten er stets stand. Im Exil verfasste er sein Hauptwerk, die Romane „Die Jugend des Königs Henri Quatre" und „Die Vollendung des Königs Henri Quatre". Heinrich Mann tendierte schon sehr früh zur Demokratie, bekämpfte von Beginn an den Ersten Weltkrieg und frühzeitig den Nationalsozialismus, dessen Anhänger Manns Werke öffentlich verbrannten. Er starb am 11. März 1950 in Santa Monica, Kalifornien. Dort wurde er auch begraben. 1961 wurde seine Urne nach Deutschland überführt und auf dem Dorotheenstädtischen Friedhof in Berlin beigesetzt.

Rex Gildo wurde am 2. Juli 1936 in Straubing geboren und war ein deutscher Schauspieler und Schlagersänger. Am 23. Oktober 1999 stürzte Rex Gildo, wahrscheinlich nach einem Streit mit seinem Lebensgefährten, aus einem Fenster seiner Münchner Wohnung. Aufgrund der Umstände und der Zeugenaussagen wird von einem Suizid ausgegangen. Er starb am 26. Oktober 1999 und wurde auf dem Münchner Ostfriedhof an der Seite seines ehemaligen Managers und früheren Lebensgefährten Fred Miekley († 1988) bestattet.

Christa Wolf wurde am 18. März 1929 geboren und war eine deutsche Schriftstellerin. Sie zählt zu den bedeutendsten Schriftstellerpersönlichkeiten der DDR und ist international bekannt. Ihr Werk wurde in viele Sprachen übersetzt. Christa Wolf starb am 1. Dezember 2011 nach schwerer Krankheit und wurde auf dem Dorotheenstädtischen Friedhof in Berlin-Mitte beerdigt.

Rudolph Moshammer wurde am 27. September 1940 in München geboren und war ein deutscher Modedesigner, Autor und Inhaber einer Boutique auf der Münchner Maximilianstraße. Durch sein exzentrisches Auftreten (oft im schwarzen Anzug) in der Öffentlichkeit wurde Moshammer ab den 1980er Jahren bundesweit bekannt. Zu seinen Markenzeichen gehörten unter anderem eine extravagante Frisur und ein Yorkshire Terrier („Daisy"). Moshammer wurde in der Nacht zum 14. Januar 2005 in seinem Doppelhaus im Münchner Vorort Grünwald erdrosselt. Seine Ermordung sowie seine Beerdigung im Jahr 2005 zogen ein großes Medienecho nach sich. Nach einer Trauerfeier in der Allerheiligen-Hofkirche in München (nahe seiner Boutique) und einem Trauerzug durch die Stadt wurde Moshammer am 22. Januar 2005 auf dem Münchner Ostfriedhof in einem Mausoleum neben seiner Mutter beigesetzt.

Günter Pfitzmann wurde am 8. April 1924 in Berlin geboren und war ein deutscher Schauspieler, Synchronsprecher und Kabarettist. Seine bekanntesten Serienrollen im Fernsehen waren die des Otto Krüger aus der Serie „Drei Damen vom Grill" (1977–1985) und die des Dr. Brockmann aus der Serie „Praxis Bülowbogen" (1987–1996). Er starb am 30. Mai 2003 an den Folgen eines Herzinfarktes und wurde auf dem Waldfriedhof Zehlendorf in Berlin beigesetzt.

Johann Franz Heinrich Dannenberg wurde am 16. Oktober 1833 in Hamburg geboren und war ein deutscher Sozialpolitiker und Autor. Er war der Verfasser des Buches „Das Handwerk und die soziale Frage". Er starb am 17. August 1887 und wurde auf dem so genannten Gedächtnisfriedhof auf dem Friedhof Ohlsdorf in Hamburg beigesetzt. Dort erinnert diese Grabplatte an den Sozialpolitiker.

Harald Juhnke wurde am 10. Juni 1929 in Berlin geboren und war ein deutscher Schauspieler, Entertainer, Synchronsprecher und Sänger. Am 1. April 2005 starb der Schauspieler im Alter von 75 Jahren an den Folgen seiner Krankheit. Am 9. April 2005 fand in der Berliner Gedächtniskirche eine Trauerfeier mit 800 Anwesenden und Trauerreden des Regierenden Bürgermeisters Klaus Wowereit und des Fernsehmoderators Thomas Gottschalk statt. Seine Grabstätte befindet sich auf dem Waldfriedhof Dahlem in Berlin, sie gehört zu den Ehrengräbern des Landes Berlin.

Hans Bierbrauer ist als „Oskar" aus der Fernsehsendung „Dalli, Dalli" bekannt, wurde am 24. Februar 1922 in Berlin-Gesundbrunnen geboren und war ein deutscher Zeichner, Karikaturist und Maler. Hans Bierbrauer wurde 1980 mit dem Bundesverdienstkreuz am Bande und im Jahre 1998 mit dem Verdienstkreuz erster Klasse ausgezeichnet. Er starb am 3. Juli 2006 und wurde auf dem Waldfriedhof Zehlendorf in Berlin-Nikolassee beigesetzt.

Antje Weisgerber wurde am 17. Mai 1922 geboren und war eine deutsche Bühnen- und Filmschauspielerin. Bekannt wurde sie unter anderem aus der Serie „Der Landarzt". 1990 erhielt sie für ihr langjähriges und hervorragendes Wirken im deutschen Film das Filmband in Gold. Sie starb am 27. September 2004 im Alter von 82 Jahren und wurde in Berlin-Dahlem auf dem Kirchhof der St. Annen-Gemeinde neben Horst Caspar (Seite 118) in einem Ehrengrab beigesetzt.

Peter Rühmkorf wurde am 25. Oktober 1929 geboren und war einer der bedeutendsten deutschen Lyriker, Essayisten und Pamphletisten nach 1945. Zusammen mit seiner Ehefrau Eva Rühmkorf (Seite 51), die unter Björn Engholm schleswig-holsteinische Kultusministerin war, wohnte er jahrelang in Hamburg-Övelgönne, zog sich aber zuletzt in sein Landhaus in Schleswig-Holstein zurück. Dort schrieb er seinen letzten Gedichtband „Paradiesvogelschiss". Er starb am 8. Juni 2008 und wurde auf dem Hauptfriedhof Altona in Hamburg beigesetzt.

Ernst Reuter wurde am 29. Juli 1889 geboren und war ein deutscher Politiker und Kommunalwissenschaftler. Der SPD Politiker war Volkskommissar (Minister) in der Autonomen Sozialistischen Sowjetrepublik der Wolgadeutschen (1918). Nach dem Zweiten Weltkrieg und nach über zehn Jahren im türkischen Exil wurde Ernst Reuter von 1951 bis 1953 erster Regierender Bürgermeister von West-Berlin. Zur legendären Person der deutschen Geschichte wurde er durch seine unbeugsame Haltung während der „Berliner Blockade" durch die Sowjetunion („Ihr Völker der Welt, schaut auf diese Stadt"). Während der „Berliner Blockade" stieg Reuter zum international bekannten Repräsentanten Berlins auf. Am 29. September 1953 verstarb Ernst Reuter, er bekam ein Ehrengrab auf dem Waldfriedhof Zehlendorf in Berlin.

Jörg Pleva wurde am 23. Juni 1942 geboren und war ein deutscher Schauspieler, Synchronsprecher und Theaterregisseur. Jörg Pleva verstarb am 14. August 2013 im Alter von 71 Jahren und wurde neben seinem Sohn Janos auf dem Ohlsdorfer Friedhof in Hamburg beigesetzt.

Dirk Bach wurde am 23. April 1961 geboren und war ein deutscher Schauspieler, Synchronsprecher, Moderator und Komiker. Er moderierte zusammen mit Sonja Zietlow die Sendung „Ich bin ein Star – holt mich hier raus" („Dschungelcamp") Am 1. Oktober 2012 wurde Bach in seinem Appartement in Berlin-Lichterfelde tot aufgefunden. Am 7. Oktober 2012 wurde die Urne Bachs auf dem Melaten-Friedhof in Köln-Lindenthal im engsten Familien- und Freundeskreis beigesetzt.

Tony Sheridan wurde am 21. Mai 1940 geboren und war ein britischer Musiker. In den frühen 1960er Jahren war er einer der Begründer der Beatmusik und galt als Wegbereiter der Beatles. Er selbst wurde zwar zur Berühmtheit in der Hamburger Beat-Szene, ein weltweiter Massenerfolg blieb aber aus. Tony Sheridan lebte zuletzt im Ort Seestermühe (Kreis Pinneberg) in Schleswig-Holstein. Er starb am 16. Februar 2013 nach langer, schwerer Krankheit. Er wurde auf dem Ohlsdorfer Friedhof in Hamburg beigesetzt.

Willy Millowitsch wurde am 8. Januar 1909 in Köln geboren und war ein deutscher Theaterschauspieler und einer der bekanntesten Kölner Volksschauspieler. Er war Leiter des privaten Kölner Millowitsch-Theaters. Willy Millowitsch starb am 20. September 1999 in Köln und wurde dort am 25. September 1999 auf dem Melaten-Friedhof beigesetzt.

Otto Sander wurde am 30. Juni 1941 geboren und war ein deutscher Schauspieler, Synchron- und Hörspielsprecher. Sander hatte 1964 in der Rolle eines Bauernsohns in Roland Klicks Kurzfilm „Ludwig" sein Filmdebüt. Sander starb am 12. September 2013 in Berlin. Am 28. September wurde er auf dem Dorotheenstädtischen Friedhof beigesetzt.

Mareike Carrière wurde am 26. Juli 1954 geboren und war eine deutsche Schauspielerin. Sie war auch als Hörspielsprecherin, Atemtherapeutin und Coach tätig. Bekannt wurde sie als Ellen Wegener in der ARD-Serie „Großstadtrevier". Sie starb am 17. März 2014 und wurde auf dem Friedhof Ohlsdorf in Hamburg beigesetzt. In Höhe der Kappelle 13 erinnert dieser Gedenkstein an die beliebte Schauspielerin Mareike Carrière.

Fritz Laband wurde am 1. November 1925 geboren und war ein deutscher Fußballspieler. Für den HSV absolvierte Laband von 1950 bis 1956 insgesamt 143 Spiele, danach wechselte er für eine Saison zum Fußballverein Werder Bremen. Später spielte er noch ein Jahr für Grün-Weiß 07 Hamburg. In der bundesdeutschen Nationalmannschaft kam Laband als Verteidiger in vier Spielen zum Einsatz. Er starb am 3. Januar 1982 und wurde dem Friedhof Bergedorf in Hamburg beigesetzt. Dort erinnert ein Grabstein mit einem Fußball an den Sportler.

Johannes Rau war ein deutscher Politiker und von 1999 bis 2004 der achte Bundespräsident der Bundesrepublik Deutschland.

Zuvor war er Kommunal-, Landes- und Bundespolitiker der SPD. Von 1969 bis 1970 war er Oberbürgermeister der Stadt Wuppertal. Von 1977 bis 1998 Landesvorsitzender der SPD in Nordrhein-Westfalen und 1978 bis 1998 der sechste Ministerpräsident des Landes Nordrhein-Westfalen, womit er diese beiden Ämter bislang länger als jeder andere Politiker innehatte. Bei der Bundestagswahl 1987 war er Kanzlerkandidat der SPD. Im Jahre 1993 führte Johannes Rau nach dem Rücktritt von Björn Engholm kommissarisch den Vorsitz der SPD-Bundespartei.

Helmut Newton wurde am 31. Oktober 1920 in Berlin geboren und war ein deutsch-australischer Fotograf. Seit den 1970er Jahren war Newton einer der begehrtesten und teuersten Mode-, Werbe-, Porträt- und Aktfotografen der Welt. Newton starb im Alter von 83 Jahren in der Nacht vom 23. auf den 24. Januar 2004 nach einem Verkehrsunfall. Sein Grab ist auf dem III. Städtischen Friedhof Stubenrauchstraße in Berlin-Friedenau.

Heinz Spundflasche wurde am 4. Dezember 1919 geboren und war ein deutscher Fußballspieler. Spundflasche spielte unter anderem beim Hamburger SV, mit dem er zwischen 1937 und 1952 sechsmal Nordmark-Gaumeister und nach Kriegsende zweimal Meister der britischen Besatzungszone wurde. Sein Grab ist auf dem alten Ottensener Friedhof am Holstenkamp in Hamburg.

Max Brauer wurde am 3. September 1887 geboren und war ein deutscher Politiker. Nach ersten Erfahrungen in der sozialdemokratischen Arbeiterbewegung wurde er im Zuge der Novemberrevolution Mitglied des Magistrats von Altona. 1924 stieg er dort zum Oberbürgermeister auf und war in dieser Funktion einer der wenigen sozialdemokratischen Amtsinhaber in der Weimarer Republik. Max Brauer wurde 1946 zum ersten frei gewählten Ersten Bürgermeister Hamburgs nach dem Zweiten Weltkrieg. Dieses Amt übte er – mit einer Unterbrechung von Ende 1953 bis Ende 1957 – bis 1960 aus. Er wurde auf dem Hauptfriedhof in Hamburg-Altona beigesetzt.

Eva Rühmkorf wurde am 6. März 1935 geboren und war eine deutsche Psychologin und Politikerin (SPD). In Schleswig-Holstein war sie von 1988 bis 1990 Ministerin für Bildung, Wissenschaft, Jugend und Kultur und von 1990 bis 1992 Ministerin für Bundesangelegenheiten sowie Stellvertreterin des Ministerpräsidenten Björn Engholm. Sie zählte zu den ersten Frauen, die die Politik zum Beruf machten und beschrieb sich selbst in einem Radiointerview als linke Sozialdemokratin, Pazifistin und Feministin. Sie war mit dem Lyriker, Essayisten und Pamphletisten Peter Rühmkorf (Seite 44) verheiratet. Sie starb am 22. Januar 2013 und wurde auf dem Hauptfriedhof Altona in Hamburg beigesetzt.

Richard Karl Freiherr von Weizsäcker wurde am 15. April 1920 geboren und war von 1981 bis 1984 Regierender Bürgermeister von Berlin und von 1984 bis 1994 der sechste Bundespräsident der Bundesrepublik Deutschland. Von Weizsäcker war nach Theodor Heuss der bisher einzige Bundespräsident, der zwei vollständige Amtszeiten absolviert hat. In seine Amtszeit als Bundespräsident fiel die deutsche Wiedervereinigung in den Jahren 1989 bis 1990. Richard von Weizsäcker starb am 31. Januar 2015 im Alter von 94 Jahren, am 11. Februar 2015 fand ein Staatsakt im Berliner Dom statt. Anschließend wurde Weizsäcker auf dem Waldfriedhof Dahlem beigesetzt.

Claus Arndt wurde am 16. April 1927 geboren und war ein deutscher Jurist und Politiker (SPD). Zusammen mit seiner Ehefrau, der Grafikerin Elke Arndt-Bruhns lebte Arndt seit 1965 in Hamburg-Lohbrügge. 2015 ist auch seine Ehefrau verstorben. Beide fanden ihre letzte Ruhestätte auf dem Friedhof Bergedorf in Hamburg.

Heinz Weiss war ein deutscher Schauspieler. Große Popularität erreichte er als Fernsehschauspieler: die Rolle des Traumschiff-Kapitäns Heinz Hansen verkörperte er von 1983 bis 1999. Er wurde auf dem Waldfriedhof Grünwald (bei München) beigesetzt.

Johann Gottlieb Fichte wurde am 19. Mai 1762 geboren und war ein deutscher Erzieher und Philosoph. Er gilt neben Friedrich Wilhelm Joseph Schelling und Georg Wilhelm Friedrich Hegel als wichtigster Vertreter des Deutschen Idealismus. Er starb am 29. Januar 1814 in Berlin und wurde auf dem Dorotheenstädtischen Friedhof beerdigt.

Die Ehrengrabstelle in der Abteilung CH, G2 trägt ein Porträtmedaillon (in Form einer Kopie) von Ludwig Wilhelm Wichmann.

Peter Struck wurde am 24. Januar 1943 geboren und war ein deutscher Politiker und Vorsitzender des Vorstands der Friedrich-Ebert-Stiftung. Seit 1964 war Struck Mitglied der SPD. Er war von 2002 bis 2005 Bundesminister der Verteidigung sowie von 1998 bis 2002 und erneut von 2005 bis 2009 Fraktionsvorsitzender seiner Partei im Deutschen Bundestag. Er starb am 19. Dezember 2012. Sein Grab vefindet sich auf dem Friedhof in Uelzen.

Erika Krauß wurde 1917 geboren und war eine deutsche Pressefotografin. Erika Krauß überlebte fotografierend 13 Hamburger Bürgermeister und war bei allen wichtigen Senatsempfängen dabei. Sie machte sich auch als Theaterfotografin einen Namen, indem sie unter anderem bei Gründgens-Inszenierungen am Hamburger Schauspielhaus tätig war. Sie starb im Juni 2013 im Hamburger Bundeswehrkrankenhaus. An der Trauerfeier in Hamburgs Hauptkirche St. Jakobi nahmen neben Freunden und Kollegen auch mehrere ehemalige Hamburger Bürgermeister verschiedener Parteien teil. Erika Krauß ist auf dem Volksdorfer Waldfriedhof beigesetzt.

Lonzo (bürgerlich Lorenz Westphal) wurde am 29. September 1952 geboren und war ein deutscher Musiker. Sein Spitzname war „Der Teufelsgeiger von Eppendorf". Lonzo war unter anderem Mitglied der Hamburger Musikgruppen „Rentnerband" und „Leinemann". Er starb 2001 und wurde auf dem Friedhof Volksdorf in Hamburg beigesetzt.

Annemarie Wendl wurde am 26. Dezember 1914 geboren und war eine deutsche Schauspielerin. In den späten 1960er und 1970er Jahren wirkte sie in diversen deutschen Softsexfilmen mit, allerdings immer züchtig bekleidet. Ab Beginn der Fernsehserie Lindenstraße (1985) verkörperte sie die Rolle der scharfzüngigen Hausmeisterin Else Kling. Bis 2006 wirkte sie in der „Lindenstraße" mit. Auch in der Werbung war Annemarie Wendl als Else Kling zu sehen. In einem Buttermilch-Spot der Firma Müllermilch machte sie den Slogan „Wenn's schee macht" zu einem geflügelten Wort. Sie wurde auf dem Münchener Nordfriedhof beigesetzt.

Ronny (bürgerlicher Name Wolfgang Roloff) wurde am 10. März 1930 geboren und war ein deutscher Schlagersänger, Komponist und Produzent. Seine größten Erfolge hatte er in den 1960er-Jahren mit den Titeln „Oh My Darling Caroline", „Kenn ein Land / Kleine Annabell" oder „Eine kleine Träne". Er starb am 18. August 2011 im Alter von 81 Jahren und wurde auf dem Friedhof des Bremer Stadtteils Walle beigesetzt.

Jens Scheiblich wurde 1942 geboren und war ein deutscher Schauspieler. Bereits 1965 feierte er sein Bühnendebüt am Thalia Theater in Hamburg und trat in der Folgezeit auch an anderen Theatern auf. Von 1974 bis 1983 und seit 1996 gehörte er zum festen Ensemble des Ohnsorg-Theaters. Zwischenzeitlich war er als freier Schauspieler tätig. Scheiblich war darüber hinaus auch ständiger Gast im Fernsehen, wo er unter anderem über 15 Jahre lang die Rolle des Dorfpolizisten Heitmann in der Fernsehserie „Der Landarzt" verkörperte. Scheiblich starb am ersten Weihnachtstag 2010, sein Grab ist auf dem Waldfriedhof Volksdorf.

Marlene Dietrich (bürgerlich Marie Magdalene Dietrich) wurde am 27. Dezember 1901 geboren und war eine deutsche Schauspielerin und Sängerin. Zu ihren berühmtesten, auch international erfolgreichen Liedern zählen „Ich bin von Kopf bis Fuß auf Liebe eingestellt", „Lili Marleen", „Ich hab' noch einen Koffer in Berlin" und „Sag mir, wo die Blumen sind". Am 6. Mai 1992 starb Marlene Dietrich in Paris. Dietrich wurde nach einer großen Trauerfeier in Paris in Berlin mit großer Anteilnahme der Bevölkerung auf dem III. Städtischen Friedhof Stubenrauchstraße in einem schlichten Grab in der Abt. 34-363 beigesetzt.

Hans Paetsch wurde am 7. Dezember 1909 geboren und war ein deutscher Schauspieler, Regisseur, Hörspiel- und Synchronsprecher. Er hatte eine der bekanntesten Stimmen im deutschsprachigen Raum und galt in der Bundesrepublik Deutschland als „Märchenonkel der Nation". Am bekanntesten ist Hans Paetsch einem breiten Publikum seit den 1960er-Jahren als Erzähler in zahllosen Aufnahmen klassischer Märchen und anderen Hörspielproduktionen für Kinder, hauptsächlich für das Tonstudio Europa (darunter Die Hexe Schrumpeldei, Der kleine Muck oder Hui Buh), denen er mehr als 30 Jahre lang seine markante Stimme lieh. Hans Paetsch starb am 3. Februar 2002 und wurde auf dem Waldfriedhof Volksdorf in Hamburg beigesetzt.

Barbara Rudnik wurde am 27. Juli 1958 geboren und war eine deutsche Schauspielerin. 1994 spielte Rudnik in der TV-Serie „Die Stadtindianer" und 1995 unter anderem in der Tatort-Episode „Eine todsichere Falle" mit. Sie stand unter anderem als Rut Brandt vor der Kamera in dem Mehrteiler „Im Schatten der Macht". Barbara Rudnik erlag einem schweren Krebsleiden am 23. Mai 2009. Ihre Grabstätte befindet sich auf dem Münchner Nordfriedhof.

Klaus Löwitsch wurde am 8. April 1936 geboren und war ein deutscher Schauspieler. Er galt als bedeutender Charakterdarsteller in Film, Fernsehen und auf der Theaterbühne. Ab 1961 war Löwitsch in Hauptrollen an diversen Theatern in allen deutschsprachigen Ländern zu sehen. Ab 1958 war er in Spielfilmen („Der Pauker") und ab Mitte der 1960er Jahre auch vermehrt im Fernsehen zu sehen: „Tatort", „Derrick" oder „Der Alte", sowie als Privatdetektiv in „Detektivbüro Roth" und „Hafendetektiv". In der Rolle des Peter Strohm galt er als „deutscher James Bond". Er starb am 3. Dezember 2002 und wurde auf dem Münchner Ostfriedhof beigesetzt.

Friedrich Schütter wurde 1921 geboren und war ein deutscher Schauspieler, Hörspielsprecher, Synchronsprecher und Mitbegründer des Ernst-Deutsch-Theaters. 1995 erlag Friedrich Schütter einem Krebsleiden. Er wurde auf dem Friedhof in Hamburg-Bergedorf beigesetzt.

Willy Brandt wurde am 18. Dezember 1913 geboren und war von 1969 bis 1974 als Regierungschef einer sozialliberalen Koalition von SPD und FDP der vierte Bundeskanzler der Bundesrepublik Deutschland. Zuvor hatte er von 1966 bis 1969 während der ersten Großen Koalition im Kabinett Kiesinger das Amt des Bundesaußenministers und des Vizekanzlers ausgeübt. Bis zu seinem Eintritt in die Bundesregierung war er von 1957 an Regierender Bürgermeister von Berlin. Von 1964 bis 1987 war Brandt SPD-Parteivorsitzender und von 1976 bis 1992 Präsident der Sozialistischen Internationale. Historiker loben den „Wandel durch Annäherung" – die Formel prägte der SPD-Politiker Egon Bahr – als Meilenstein in der Geschichte der Bundesrepublik. Brandt ging unter diesem Motto und seiner neuen Ostpolitik eine Zäsur im politisch konfrontativen Klima des Kalten Krieges ein. Er starb am 8. Oktober 1992 und wurde auf dem Waldfriedhof Zehlendorf beigesetzt.

Peter Fitz wurde am 8. August 1931 geboren und war ein deutscher Schauspieler und Synchronsprecher. Fitz spielte im Laufe seiner Karriere an allen großen Häusern des deutschsprachigen Theaters, so am Wiener Burgtheater, an den Münchner Kammerspielen, dem Berliner Schillertheater und bei den Salzburger Festspielen. 1980 und 1983 wurde er von der Redaktion der Zeitschrift Theater heute zum Schauspieler des Jahres gewählt. Auch durch Kriminalfilme und Serien wurde Peter Fitz einem breiten Fernsehpublikum bekannt. Zuletzt spielte er in den Donna-Leon-Verfilmungen an der Seite von Joachim Król und Uwe Kockisch die Rolle des Conte Falier. Peter Fitz, der zuletzt in Berlin-Charlottenburg lebte, verstarb am 10. Januar 2013 im Alter von 81 Jahren in seiner Wohnung. Seine Grabstätte befindet sich auf dem Berliner Waldfriedhof Zehlendorf.

Elke Arndt-Bruhns wurde 1934 geboren und war eine erfolgreiche Malerin und Künstlerin. Sie war mit dem Politiker Claus Arndt (Seite 52) verheiratet und lebte in Hamburg-Bergedorf. Auf dem dortigen Friedhof wurde sie im Jahr 2015 neben ihrem Mann beigesetzt.

Edith Hancke wurde am 14. Oktober 1928 geboren und war eine deutsche Schauspielerin und Synchronsprecherin mit Wohnsitz in Berlin. Edith Hancke trat als Mitglied des Kabaretts „Die Stachelschweine" auf und wirkte für die populäre Hörfunk-Unterhaltungs-Serie „Pension Spreewitz" beim RIAS in 150 Folgen mit.. Edith Hancke starb am 4. Juni 2015 im Alter von 86 Jahren in ihrer Heimatstadt Berlin an einem Krebsleiden.
Sie wurde auf dem Waldfriedhof Zehlendorf in Berlin beigesetzt.

Erwin Geschonneck am 27. Dezember 1906 geboren war ein deutscher Schauspieler. Seine größten Erfolge erlebte er in der DDR, wo er als einer der erfolgreichsten und profiliertesten Darsteller galt. 1949 holten ihn Bertolt Brecht und Helene Weigel an das Berliner Ensemble. Dort spielte er große Rollen – zugleich begann eine überaus erfolgreiche Karriere bei der DEFA und dem DFF. So spielte Geschonneck 1974 im Film „Jakob der Lügner", der als einziger DEFA-Film für den Oscar nominiert wurde. Erwin Geschonneck starb am 12. März 2008 und wurde auf dem Dorotheenstädtischen Friedhof beigesetzt.

Hildegard Knef wurde am 28. Dezember 1925 geboren und war eine deutsche Schauspielerin, Sängerin und Autorin. Als Sängerin hat sie 23 Original-Alben veröffentlicht, insgesamt sind 320 einzelne Titel erschienen – bei 130 davon stammt der Text aus ihrer Feder. 1968 erschien ihr Titel „Für mich soll's rote Rosen regnen". Als Filmschauspielerin hat sie in 49 Kinofilmen mitgewirkt; 19 davon waren reine Auslandsproduktionen, Im Jahr 1970 erlebte die Hildegard Knef mit ihrem ersten Buch „Der geschenkte Gaul" einen herausragenden Bestseller-Erfolg. Der teilweise autobiographische Roman erzielte eine Auflage von über drei Millionen Exemplaren und wurde in 17 Sprachen übersetzt. Es wurde zum international erfolgreichsten Buch eines deutschen Autors seit 1945. Insgesamt schrieb sie sieben Bücher. Zwei Wochen nach ihrem letzten öffentlichen Auftritt in einer TV-Talkshow starb Hildegard Knef in der Nacht auf den 1. Februar 2002 im Alter von 76 Jahren an einer akuten Lungenentzündung. Bundespräsident Johannes Rau und Bundeskanzler Gerhard Schröder wandten sich mit Kondolenzschreiben an den Witwer. Sieben Tage später, am 7. Februar 2002, fand die Trauerfeier in der Kaiser-Wilhelm-Gedächtniskirche zu Berlin statt. Sie wurde auf dem Waldfriedhof Zehlendorf in einem Ehrengrab der Stadt Berlin beigesetzt.

Wolfgang Menge wurde am 10. April 1924 geboren und war ein deutscher Drehbuchautor, Moderator und Journalist. Fast alle Drehbücher der legendären Fernseh-Krimiserie Stahlnetz (1958–1968), in der Jürgen Roland Regie führte und von denen viele zu Straßenfegern wurden, entstammten seiner Feder. Erfolg hatte Menge später unter anderem mit „Das Millionenspiel". Sein größter Erfolg war die satirische Familienserie „Ein Herz und eine Seele". Wolfgang Menge war Mitbegründer der erfolgreichen Bremer Talkshow „3 nach 9" und gehörte von 1974 bis 1982 (und dann noch einmal 1988) zu deren Moderatorenteam. Menge starb im Jahr 2012 im Alter von 88 Jahren und wurde auf dem Berliner Waldfriedhof Zehlendorf beigesetzt.

Peter Albert Kölln wurde 2. Januar 1884 geboren und war ein deutscher Mühleneigentümer und Kaufmann. Er war der Nachfahre von Hans Hinrich Kölln (1770 bis 1812), der 1795 in Elmshorn auf Klostersande eine kleine Grützmühle erwarb und später begann, Hafergrütze und Schiffszwiebacke an Fischer zu liefern. Sein Sohn Peter gründete 1820 die heutigen Köllnflockenwerke. Peter Albert Kölln starb am 30. Januar 1918 im Alter von 34 Jahren in seiner Heimatstadt Elmshorn. Die Familiengrabstätte befindet sich auf dem Friedhof an der Friedensallee in Elmshorn.

Claudia Christina wurde am 23. Mai 1966 geboren und war eine deutsche Moderatorin und Schlagersängerin. Die langjährige Moderatorin der Sendung „Freut Euch des Nordens" (NDR Fernsehen) führte 1992 zum ersten Mal durch die Unterhaltungssendung. Öffentlich bekannt war Claudia Christina außerdem als Radio-Moderatorin – in den 1990er Jahren war sie auf der NDR 1 Welle Nord zu hören – und vor allem als Sängerin: 1984 gehörte sie zu den Gründungsmitgliedern der Gesangsgruppe „Speelwark". 2000 erhielt sie die „Goldene Stimmgabel" als beste Nachwuchskünstlerin. Sie starb am 4. Oktober 2005 an Krebs und wurde auf dem Friedhof an der Friedensallee in Elmshorn beigesetzt.

Gerd Vespermann wurde am 24. Juli 1926 geboren und war ein deutscher Schauspieler und Synchronsprecher. Vespermann starb am 25. November 2000, sein Tod wurde der Öffentlichkeit erst ein Dreivierteljahr später auf seinen eigenen Wunsch hin anlässlich seines 75. Geburtstags mitgeteilt. Gerd Vespermann ruht auf dem Waldfriedhof Grünwald bei München.

Peter Scholl-Latour wurde am 9. März 1924 geboren und war ein deutsch-französischer Journalist, Autor und Publizist. Seine über 30 Bücher erreichten eine Gesamtauflage von etwa zehn Millionen Exemplaren. Am 16. August 2014 verstarb Scholl-Latour nach schwerer Krankheit im Alter von 90 Jahren in Bad Honnef-Rhöndorf und wurde auf dem dortigen Waldfriedhof beigesetzt.

Guido Westerwelle wurde am 27. Dezember 1961 geboren und war ein deutscher Politiker. Westerwelle war von 1983 bis 1988 Vorsitzender der Jungen Liberalen, 1994 bis 2001 Generalsekretär und 2001 bis 2011 Bundesvorsitzender der Freien Demokratischen Partei (FDP). Zudem war Guido Westerwelle 2006 bis 2009 Vorsitzender der FDP-Bundestagsfraktion und Oppositionsführer im Deutschen Bundestag. Von 2009 bis 2013 war er Bundesminister des Auswärtigen im Kabinett Merkel II. Als solcher war er vom Amtsantritt an bis zum Mai 2011 auch Stellvertreter der Bundeskanzlerin, umgangssprachlich Vizekanzler genannt. Westerwelle starb am 18. März 2016 an den Folgen einer schweren Krankheit und wurde am 2. April 2016 auf dem Melaten-Friedhof in Köln beigesetzt.

Silvia Seidel wurde am 23. September 1969 geboren und war eine deutsche Schauspielerin, die einem breiten Publikum vor allem durch die Titelrolle in der Weihnachtsserie „Anna" bekannt wurde. Die Serie war sehr erfolgreich, und 1988 folgte der Kinofilm „Anna – Der Film". Patrick Bach spielte neben ihr die männliche Hauptrolle. Sie hatte Rollen in Serien wie „Forsthaus Falkenau", „Der Alte" und „Die Rosenheim Cops". Am 4. August 2012 wurde sie tot in ihrer Wohnung in München aufgefunden. Sie beging Suizid, ein Abschiedsbrief wurde gefunden. Ihr Urnengrab befindet sich auf dem Waldfriedhof Grünwald bei München.

Ingo Schwichtenberg war ein deutscher Schlagzeuger und einer der Gründungsmitglieder der deutschen Metalband „Helloween". Schwichtenberg war bekannt für sein energiereiches Trommeln und stets positive Energie. Seine Helloween-Bandkollegen gaben ihm den Spitznamen „Mr. Smile", weil er oft fröhlich und lächelnd zu sein schien. Als Anfang der 1990er Jahre der Erfolg der Gruppe „Helloween" ausblieb, soll sich Ingo Schwichtenberg im Drogen-Sumpf verfangen haben. Zudem soll er an Alkoholproblemen gelitten haben. Das Leben beendete Schwichtenberg am 8. März 1995 in seiner Heimatstadt Hamburg – er beging Selbstmord und wurde von einer Bahn überrollt. Seine letzte Ruhestätte fand Musiker Ingo Schwichtenberg auf dem Waldfriedhof Volksdorf in Hamburg.

Norbert Schmid wurde am 12. April 1939 geboren und war ein Hamburger Polizeibeamter, der beim Versuch der Festnahme von Terroristen der Rote Armee Fraktion (RAF) am 22. Oktober 1971 erschossen wurde. Schmid war das erste Mordopfer der RAF. Am frühen Morgen des 22. Oktober 1971 versuchten der 32-jährige Schmid und sein Kollege Heinz Lemke vor dem Alstertal-Einkaufszentrum in Hamburg-Poppenbüttel im Rahmen einer Zivilfahndung eine verdächtige Frau zu überprüfen – wie sich später herausstellte war es Margrit Schiller. Diese entzog sich der Überprüfung und flüchtete. Es kam zu einer Verfolgung zu Fuß, in die sich auch die RAF-Mitglieder Gerhard Müller und Ulrike Meinhof einschalteten, die sich in der Nähe aufgehalten hatten und von den Polizisten nicht erkannt worden waren. Schusswaffen wurden eingesetzt, dabei wurde der Polizeibeamte Schmid tödlich getroffen. Seine Grabstätte befindet sich auf dem Waldfriedhof Volksdorf.

Lotte Koch wurde 1913 geboren und war eine deutsche Schauspielerin. Ihr erstes Theaterengagement erhielt sie 1931 in Heidelberg. Weitere Theaterstationen waren das Schauspielhaus Zürich (1935–1936), das Volkstheater Wien (1938–1939) sowie die Hamburger Kammerspiele. Ab 1940 folgten regelmäßige Auftritte in Filmproduktionen, unter anderem in „Das Herz der Königin" (mit Zarah Leander), im Drama „Friedemann Bach" (mit Gustaf Gründgens, Seite 32) und beispielsweise im Drama „…und über uns der Himmel"

(mit Hans Albers, Seite 35). Sie war in zweiter Ehe mit dem Schauspieler Ernst von Klipstein (Seite 14) verheiratet. Lotte Koch verstarb im Mai 2013 im Alter von 100 Jahren in Unterhaching bei München. Die Asche von Lotte Koch wurde im Grab ihres zweiten Ehemannes auf dem Waldfriedhof Volksdorf in Hamburg beigesetzt; ihr Name ist nicht auf dem Grabstein vermerkt. Es steht „von Klipstein" auf dem Findling.

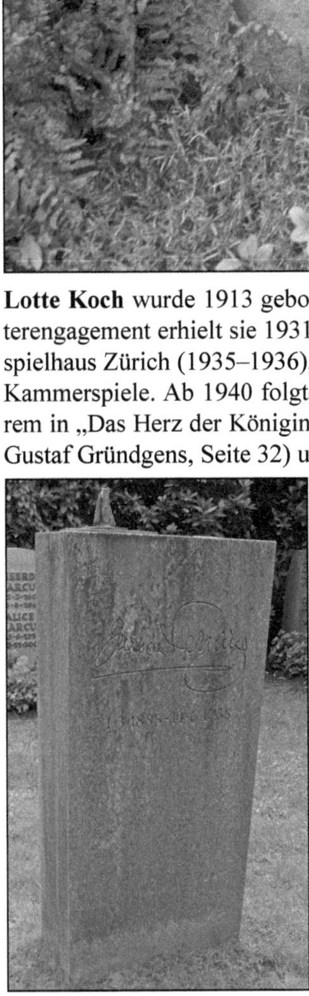

Jürgen Fehling wurde am 1. März 1885 geboren und war ein deutscher Theaterregisseur und Schauspieler. 1909 nahm er Schauspielunterricht, ein Jahr später debütierte er als Schauspieler im Theater am Nollendorfplatz in Berlin; es folgten Engagements in Wien. In der Zeit des Nationalsozialismus stand Fehling auf der „Gottbegnadeten-Liste" („Führerliste") der wichtigsten Künstler des NS-Staates. Er wurde in Hamburg auf dem Friedhof Ohlsdorf beigesetzt.

Konrad Adenauer wurde am 5. Januar 1876 geboren und war von 1949 bis 1963 der erste Bundeskanzler der Bundesrepublik Deutschland und von 1951 bis 1955 zugleich erster Bundesminister des Auswärtigen.

Bereits im Kaiserreich und in der Weimarer Republik absolvierte der ausgebildete Jurist und Angehörige der katholischen Zentrumspartei eine politische Karriere: Er war Oberbürgermeister der Stadt Köln, gehörte dem preußischen Herrenhaus an und verteidigte als Präsident des preußischen Staatsrats energisch die Interessen des Rheinlands, dem er zeitlebens eng verbunden blieb. In der Zeit des Nationalsozialismus wurde er seiner Ämter enthoben und war zeitweise inhaftiert. Adenauer gehörte zu den Begründern der CDU, deren Parteivorsitzender er von 1950 bis 1966 war.

Das Grab befindet sich auf dem Waldfriedhof in Bad Honnef/Rhöndorf.

Manfred Steffen wurde am 28. Juni 1916 geboren und war ein deutscher Schauspieler, Hörspielsprecher und Synchronsprecher. Ab 1947 war Steffen festes Ensemblemitglied am Thalia Theater in Hamburg und in über 250 Bühnenrollen zu sehen. Im Fernsehen spielte er ab 1997 im vorgerückten Alter sieben Jahre lang neben Heinz Reincke in den Heimatgeschichten des Norddeutschen Rundfunks. Im Januar 2009 verstarb Manfred Steffen im Alter von 92 Jahren und wurde in einem Kolumbarium des Ohlsdorfer Friedhofes beigesetzt.

Maria Rowohlt wurde 1910 geboren und war eine deutsche Schauspielerin. Als geborene Maria Pierenkämper schloss sie zunächst das Realgymnasium in Bochum ab und absolvierte eine Schauspielausbildung in Bochum. Sie arbeitete in den 1930er und 1940er Jahren als Schauspielerin zunächst am Schillertheater in Berlin und am Schauspielhaus Zürich. Es folgten Engagements an Theatern in Bochum, Gera, Essen, Darmstadt, Wiesbaden und Frankfurt am Main. Auch in Hamburg stand sie auf der Bühne. Später arbeitete sie noch gelegentlich als Filmschauspielerin. Sie wirkte beispielsweise in den Filmen „Drei wunderschöne Tage" (1939), „Stella" (1954) und „Ankunft bei Nacht" (1965) mit.
In dritter Ehe war sie mit dem Maler Max Rupp verheiratet, als sie 1945 vom Verleger und Verlagsbuchhändler Ernst Rowohlt (Seite 76) ihren Sohn Harry Rowohlt bekam. Erst Mitte der 1950er Jahre ließ sie sich von Rupp scheiden und heiratete 1957 den über 20 Jahre älteren Harry Rowohlt, der bereits 1960 starb. Beide wohnten jahrelang in einer Villa in der Heimhuder Straße 31 im Hamburger Stadtteil Rotherbaum. Schauspielerin Maria Rowohlt starb am 11. April 2005 im Alter von 94 Jahren in Hamburg. Sie wurde auf dem Waldfriedhof Volksdorf beigesetzt – neben ihrem Ehemann Ernst Rowohlt.

Hildburg Frese wurde am 26. August 1915 geboren und war eine deutsche Schauspielerin und Theaterlehrerin. Sie begann ihre Karriere am Stadttheater Bremerhaven. Von 1930 bis 1950 war die Charakterdarstellerin engagiert an den großen Theatern in Berlin, Bremen, Dresden, Breslau und Hamburg. Ihre zweite Karriere begann 1958/59 mit der Gründung des Schauspiel-Studios Frese, das viele bekannte Schauspieler hervorbrachte. 40 Jahre lang leitete sie das Studio mit harter Hand. Der Spruch „Wer´s bei Frese schafft, der schafft´s auch beim Theater" wurde legendär. Zu ihrem 80. Geburtstag wurde Hildburg Frese für ihr Lebenswerk die Biermann-Ratjen-Medaille verliehen, die höchste kulturelle Auszeichnung der Stadt Hamburg. Am 16. Juli 2002 starb sie und wurde auf dem Friedhof Ohlsdorf beigesetzt. Dort erinnert dieser Grabstein an Hildburg Frese.

Fritz Teufel wurde 943 geboren und war West-Berliner Kommunarde, Autor und aktiver Teilnehmer der Studentenbewegung und Mitglied der terroristischen Bewegung 2. Juni. Teufel war ab Ende der 1960er Jahre als Polit-Provokateur bekannt. Er verbüßte mehrere Haftstrafen, unter anderem für seine Mitgliedschaft in der linksextremen Terrorgruppe Bewegung 2. Juni. Fritz Teufel wurde zusammen mit anderen Personen Anfang 1967 festgenommen, als sie beim Werfen von Tüten beobachtet wurden. Die Polizei und die Medien bezeichneten dies als Attentat auf den damaligen US-Vizepräsidenten Hubert H. Humphrey, die Wurfgeschosse entpuppten sich aber als Pudding- und Mehlbomben („Pudding-Attentat"). Am Tag nach dem Besuch Humphreys wurden die vermeintlichen Attentäter wieder freigelassen. Nach Beendigung verschiedener Gerichtsprozesse arbeitete Teufel als freier Mitarbeiter bei Tageszeitung „taz" und als Fahrradkurier in Berlin. Weil er an Parkinson erkrankt war, musste er diese Tätigkeit aufgeben. Zuletzt lebte er zurückgezogen mit seiner Lebensgefährtin Helene Lollo und Freunden in Berlin-Wedding. Er starb am 6. Juli 2010 in Berlin und wurde dort auf dem Dorotheenstädtischen Friedhof beigesetzt.

Ernst Rowohlt wurde am 23. Juni 1887 mit vollständigem Namen Ernst Hermann Heinrich Rowohlt geboren und war ein deutscher Verleger. 1908 gründete er seinen Verlag, den Rowohlt Verlag, in Leipzig zum ersten Mal, zwei weitere Verlagsgründungen sollten folgen. Nach der Machtergreifung der Nationalsozialisten wurden 50 Prozent (46 Werke) der lieferbaren Verlagswerke verboten, beschlagnahmt und größtenteils verbrannt. 1936 führte das Buch „Adalbert Stifter" von Urban Roedl (Pseudonym für Bruno Adler) zum Berufsverbot von Ernst Rowohlt, da dem Verleger vorgehalten wurde, jüdische Schriftsteller zu tarnen, was auch zutraf. 1946 konnte ein Rowohlt-Verlagsgebäude in Stuttgart eröffnet werden. Erste Autoren waren Erich Kästner, Joachim Ringelnatz und Kurt Tucholsky. Außerdem wurden die Zeitschriften Pinguin und story hier veröffentlicht. Vier Jahre später siedelte die Stuttgarter Firma nach Hamburg über. Im selben Jahr kam es zu den ersten vier Ausgaben der rororo-Taschenbücher (Rowohlt-Rotations-Romane), die nun monatlich erscheinen sollten. In den folgenden Jahren wurden Werke von Wolfgang Borchert, Walter Jens, Dieter Meichsner, Gregor von Rezzori, Arno Schmidt, Ernest Hemingway und Ernst von Salomon verlegt. Am 1. Dezember 1960 starb Ernst Rowohlt, er wurde auf dem Friedhof Volksdorf beigesetzt. Dort liegen auch seine Mutter und seine Ehefrau Maria.

Lawrence Winters wurde 1915 geboren und war ein US-amerikanischer Opernsänger (Bariton). Nach Abschluss eines Studiums begann er seine Karriere als Sänger im Chor von Eva Jessye. Nach ersten Hauptrollen in Opern und Musicals wurde er Musikdirektor beim amerikanischen Militär. Sein Konzertdebüt gab Lawrence Winters 1947. Ein Jahr später war er in der Rolle des Amonasro in Giuseppe Verdis Aida erstmals in der Oper von New York zu sehen. 1951 spielte er den Porgy in „Porgy und Bess" in der ersten Inszenierung dieser Oper von George Gershwin, die vollständig aufgezeichnet wurde. Winters nahm auch als Solosänger Schallplatten auf – auch Titel in deutscher Sprache. Ende der 1950er Jahre wurde Winters in die Hamburger Freimaurer-Loge Die Brückenbauer aufgenommen.
1961 wurde er Ensemblemitglied der Hamburgischen Staatsoper und blieb dies bis zu seinem Tod im Jahr 1965. Seine Grabstätte befindet sich auf dem Friedhof Ohlsdorf in Hamburg.

Lauritz Lauritzen wurde am 20. Januar 1910 geboren und war ein deutscher Politiker (SPD). Er starb am 5. Juni 1980. Seine letzte Ruhestätte fand er auf dem Waldfriedhof seines letzten Wohnsitzes in Bad Honnef-Rhöndorf, in der Nähe des Familiengrabes des ehemaligen Bundeskanzlers Konrad Adenauer (Seite 72).

John Jahr wurde am 20. April 1900 in Hamburg geboren und war ein deutscher Verleger. Am 8. November 1991 ist John Jahr gestorben – im Alter von 91 Jahre alt. Seine letzte Ruhestätte fand der Verleger auf dem Friedhof Ohlsdorf in Hamburg.

Hans Heinrich Driftmann wurde am 3. Januar 1948 geboren und war ein deutscher Unternehmer. Als persönlich haftender und geschäftsführender Gesellschafter führte er zwischen 1988 und 2015 das Familienunternehmen Peter Kölln in sechster Generation. Sitz des Unternehmens ist Elmshorn. Er war von 2009 bis 2013 Präsident des Deutschen Industrie- und Handelskammertages (DIHK).

Amalie Sieveking wurde am 25. Juli 1794 geboren und war eine Mitbegründerin der organisierten Diakonie in Deutschland. Als Philanthropin gilt sie mit ihrem Weiblichen Verein für Armen- und Krankenpflege, ihren Initiativen zur Arbeitsbeschaffung und Berufsausbildung für Arme und Aktionen für den Wohnungsbau und Bau von Spitälern als eine Vorreiterin der modernen Sozialarbeit in Deutschland. Amalie Sieveking verfasste sowohl Schriften zur Sozialarbeit als auch theologische Abhandlungen. Sie starb am 1. April 1859. Das Foto oben zeigt das Mausoleum der Familie Sieveking auf dem alten Friedhof in Hamburg-Hamm, dem heute unter Denkmalschutz stehenden Hammer Friedhof an der Dreifaltigkeitskirche.

Frank Beyer wurde am 26. Mai 1932 geboren und war ein deutscher Filmregisseur, der die meisten seiner Filme für die DEFA in der DDR drehte. Trotz seiner im Laufe der Jahre zunehmend kritischen Haltung gegenüber der SED wurde er mehrfach ausgezeichnet – unter anderem mit dem Nationalpreis der DDR.

Bis heute gilt Beyer als einer der bedeutendsten auch international renommierten Filmschaffenden der DDR.

Nach der deutschen Wiedervereinigung drehte er in den 1990er Jahren noch einige Filme für das Fernsehen in der Bundesrepublik, wo ihm beispielsweise mit dem Filmband in Gold für sein Lebenswerk (1991) und dem Adolf-Grimme-Preis (1999, für den Film Abgehauen) ebenfalls zwei der herausragenden nationalen Film- und Fernsehpreise verliehen wurden. Er starb am 1. Oktober 2006 und wurde auf dem Dorotheenstädtischen Friedhof in Berlin beigesetzt.

Dietmar Mues wurde am 21. Dezember 1945 geboren und war ein deutscher Theater- und Filmschauspieler, Drehbuchautor und Schriftsteller. Bekannt war er auch als Sprecher von Hörspielen und Lesungen. Nach Engagements in Kiel, Nürnberg und Mannheim war er ab 1973 zwölf Jahre im Ensemble am Deutschen Schauspielhaus in Hamburg. Ab 1986 arbeitete er als freier Schauspieler, als Sprecher für TV-Produktionen (unter anderem „Spiegel TV" und „Extra 3") und als Drehbuchautor. Er trat in mehr als hundert Film- und Fernsehrollen auf, darunter auch in der TV-Reihe „Tatort". Mues und seine Frau Sibylle starben am 12. März 2011 bei einem Verkehrsunfall in Hamburg, als sie auf einem Gehweg von einem Auto erfasst wurden. Beide wurden auf dem Friedhof Ohlsdorf beigesetzt.

Egon Monk wurde am 18. Mai 1927 geboren und war ein deutscher Schauspieler, Theater- und Filmregisseur, Dramaturg und Autor. Er besuchte in den Jahren 1945 bis 1947 die Schauspielschule und wurde Regieschüler bei der DEFA. Nach verschiedenen Engagements war Egon Monk 1949 bis 1953 Mitglied des Berliner Ensembles und wurde Nachwuchsregisseur und Assistent unter Bertolt Brecht und Berthold Viertel. Er verließ 1953 die DDR und arbeitete von 1954 bis 1959 als freier Autor und Hörspielregisseur beim RIAS Berlin. 1957 wechselte Monk zur Hörspielabteilung des NDR, wo er von 1960 bis 1968 Leiter der Fernsehspielabteilung war.

Egon Monk lebte bis zu seinem Tod am 28. Februar 2007 in einer Villa im Mittelweg in Hamburg-Harvestehude. Seine letzte Ruhe fand Egon Monk auf dem Ohlsdorfer Friedhof in Hamburg.

Peter Schulz wurde am 25. April 1930 geboren und war ein deutscher Jurist und Politiker (SPD). 1961 wurde er Abgeordneter der Hamburgischen Bürgerschaft. Am 9. Juni 1971 wurde Schulz als Nachfolger von Herbert Weichmann zum Ersten Bürgermeister gewählt. Zu diesem Zeitpunkt war er der jüngste Erste Bürgermeister seit 1678. Bis 1974 hatte er das Amt des Ersten Bürgermeisters inne. 1978 wurde Schulz einstimmig zum Präsidenten der Bürgerschaft gewählt. Er übte dieses Amt mit einer kurzen Unterbrechung im Jahre 1982 bis 1986 aus. Er starb am 17. Mai 2013 83-jährig in einem Hamburger Krankenhaus an den Folgen einer Herzerkrankung und wurde auf dem Friedhof Ohlsdorf in Hamburg beigesetzt.

Herbert Lichtenfeld wurde am 16. Juni 1927 geboren und war einer der erfolgreichsten Fernsehautoren in Deutschland. Er schrieb nach eigenen Angaben insgesamt 300 Drehbücher. Viele seiner von ihm verfassten Serien, Episoden und Spielfilme wurden große Erfolge. Lichtenfeld gilt als Erfinder der „Schwarzwaldklinik". 1987 erfand Lichtenfeld die Arztserie „Der Landarzt". Herbert Lichtenfeld wohnte bis zu seinem Tod in einem Haus in Hamburg-Marienthal. Er verstarb am 11. Dezember 2001 und wurde auf dem Friedhof Öjendorf in Hamburg beigesetzt.

Bernhard Dexel wurde 1919 geboren und war ein deutscher Architekt. Von 1945 bis 1949 studierte er an der Technischen Hochschule in Braunschweig. Danach war Bernhard Dexel als Mitarbeiter in verschiedenen Architekturbüros tätig. Ab 1956 betrieb er ein eigenes Architekturbüro. Seit den 1970er Jahren widmete er sich der bildenden Kunst. Er wohnte in einem Bungalow in der Straße Rögengrund 26 und war unmittelbarer Nachbar von Jürgen Roland (Seite 34). Bernhard Dexel starb im Jahr 2000 (das genaue Sterbedatum ist nicht bekant) und wurde auf dem Waldfriedhof in Hamburg-Volksdorf im Feld M beerdigt. Dort existiert leider kein Grabstein mit seinem Namen.

Gerhard Stoltenberg wurde am 29. September 1928 geboren und war ein deutscher Historiker und Politiker (CDU). Von 1965 bis 1969 war Stoltenberg Bundesminister für wissenschaftliche Forschung, von 1971 bis 1982 Ministerpräsident des Landes Schleswig-Holstein, von 1982 bis 1989 Bundesminister der Finanzen und von 1989 bis 1992 Bundesminister der Verteidigung. Der gebürtige Kieler Stoltenberg war 1998 im Alter von 70 Jahren aus dem Bundestag ausgeschieden. Er wurde am 19. Januar 1973 mit dem Großen Bundesverdienstkreuz mit Stern und Schulterband geehrt. Am 24. Oktober 2001 wurde er zum Ehrenbürger des Landes Schleswig-Holstein ernannt. Er lebte die letzten Jahre seines Lebens in Bonn-Bad Godesberg. Sein Grab befindet sich auf dem Parkfriedhof Eichhof in Kiel.

Werner Riepel wurde am 18. Mai 1922 geboren und war ein deutscher Schauspieler, Sänger (Bass), Hörspiel- und Synchronsprecher. Werner Riepel nahm nach Beendigung seiner Schulausbildung, Schauspielunterricht bei Helmuth Gmelin und absolvierte im Anschluss eine Gesangsausbildung. Ab 1958 war er unter anderem am Staatstheater Darmstadt unter Vertrag. Im Jahre 1965 holte ihn Hans Mahler an das Ohnsorg-Theater nach Hamburg. Das Theater wurde fortan seine berufliche Heimstätte. Durch die regelmäßigen Fernsehaufzeichnungen des NDR wurde er schnell beim bundesrepublikanischen Fernsehpublikum bekannt und avancierte so zu einem vielgeliebten Volksschauspieler. Riepel starb am 18. August 2012 und wurde auf dem Hauptfriedhof Altona in Hamburg beigesetzt.

Erhard Rittershaus wurde am 27. April 1931 geboren und war ein deutscher Manager und Politiker. Er war von 1993 bis 1997 Senator und Präses der Behörde für Wirtschaft, Verkehr und Landwirtschaft sowie Zweiter Bürgermeister der Freien und Hansestadt Hamburg. 1993 kam der bis dato parteilose Rittershaus in den Hamburger Senat und wurde für die STATT Partei Präses der Behörde für Wirtschaft, Verkehr und Landwirtschaft. Zu seinen wesentlichen politischen Aktivitäten gehörten die Vertiefung der Elbe und das Voranbringen der Erweiterung des Hamburger Airbuswerkes am „Mühlenberger Loch".

Rittershaus starb nach langer Krankheit am 12. März 2006, er wurde auf dem Friedhof Hamburg-Bergstedt beigesetzt.

Max Bahr wurde am 19. September 1883 geboren und war ein Unternehmer. Sein Vater Johann Jacob Heinrich Bahr gründete 1879 das Unternehmen Bahr als Stellmacherei in Hamburg-Bramfeld. 1906 übernimmt Max Bahr den Betrieb seiner Eltern. Max Bahr steigt 1920 in ein Holzhandelsgeschäft ein und führt sein Unternehmen in den folgenden Jahren zu großem Erfolg. Jungunternehmer Peter Möhrle übernimmt 1956 – mit gerade einmal 24 Jahren – die Mehrheitsanteile an der Hamburger Holzhandlung Max Bahr und baut den kleinen Drei-Mann-Betrieb mit unternehmerischen Engagement sukzessive aus. 1981 zählt das Unternehmen Max Bahr 20 Filialen in Norddeutschland, im Jahr 2005 sind es über 80 Filialen in ganz Deutschland. Unternehmer Max Bahr starb am 24. Februar 1956 und wurde auf dem Friedhof in Hamburg-Bergstedt beigesetzt.

Loriot, bürgerlich Bernhard-Viktor von Bülow (auch Vicco von Bülow genannt) wurde am 12. November 1923 geboren und war ein deutscher Humorist. Er etablierte sich von den 1950er Jahren an bis zu seinem Tod in Literatur, Fernsehen, Theater und Film als einer der vielseitigsten Persönlichkeiten. Loriot betätigte sich zunächst als Karikaturist, später auch als Schauspieler, Moderator, Regisseur sowie Bühnen- und Kostümbildner und wurde 2003 von der Universität der Künste Berlin zum Professor für Theaterkunst ernannt.

Er trat unter dem Künstlernamen „Loriot" auf, der dem gleichlautenden französischen Wort für „Pirol" entstammt. Der Vogel ist das Wappentier der Familie von Bülow. In der mecklenburgischen Heimat des Adelsgeschlechtes hat sich daher „Vogel Bülow" als eine gängige Bezeichnung für den Pirol eingebürgert. Loriot moderierte von 1967 bis 1972 die Fernsehsendung „Cartoon" für den Süddeutschen Rundfunk (SDR). 1976 entstand mit „Loriots sauberer Bildschirm" die erste Folge der sechsteiligen Fernsehserie „Loriot" bei Radio Bremen, in der er sowohl Zeichentrickfilme als auch gespielte Sketche (letztere oft zusammen mit Evelyn Hamann, Seite 116) präsentierte. 1988 drehte Loriot als Autor, Regisseur und Hauptdarsteller den Film „Ödipussi", 1991 folgte dann „Pappa ante Portas". Dabei spielte Evelyn Hamann jeweils die weibliche Hauptrolle. Vicco von Bülow starb am 22. August 2011 im Alter von 87 Jahren. Er wurde auf dem Waldfriedhof Heerstraße im Berliner Stadtteil Westend beigesetzt.

Hein ten Hoff wurde am 19. November 1919 geboren und war ein deutscher Boxer und jahrelang Präsident des Bundes Deutscher Berufsboxer (BDB). Mitte der 1930er Jahre begann ten Hoff mit dem Boxsport. Er errang während des Zweiten Weltkriegs, an dem er als Frontsoldat teilnahm, sogar den Europameistertitel. Nach Kriegsende 1945 ließ er sich in Hamburg nieder und wechselte vom Amateur- zum Profiboxen. Er bestritt am 23. September 1945 in Hamburg seinen ersten Profikampf, am 28. August 1955 in Göteborg seinen letzten. Er wurde deutscher Meister sowie Europameister. Am 29. April 1951 schlug er als einziger deutscher Schwergewichtler Tiger Jones (auch Gene (Tiger) Jones), USA, nach Punkten. Er verstarb am 13. Juni 2003 im Alter von 83 Jahren und wurde auf dem Friedhof in Hamburg-Bergstedt beigesetzt.

Werner Hackmann wurde am 17. April 1947 geboren und war ein deutscher Politiker (SPD) und Sportfunktionär. Von 1988 bis 1994 war Hackmann als Senator Präses der Behörde für Inneres in Hamburg, nachdem er zuvor bereits seit 1981 als Staatsrat in verschiedenen Behörden und Senatsämtern tätig gewesen war. Werner Hackmann war außerdem ab 2001 als Vertreter des Hamburger SV Präsident des Ligaverbandes Die Liga – Fußballverband, Aufsichtsratsvorsitzender der Deutschen Fußball Liga (DFL) und Vizepräsident des Deutschen Fußball-Bundes (DFB). Er galt als sehr restriktiv und trat nach vielen Anfeindungen und in Folge des „Hamburger Polizeiskandals" am 12. September 1994 zurück. Privat lebte Werner Hackmann mit seiner Familie in einer Stadtvilla in Hamburg-Bergedorf, er starb am 28. Januar 2007. Seine letzte Ruhe fand er auf dem Friedhof Bergedorf in Hamburg. Am 7. August 2007 wurde er postum zum ersten Ehrenpräsidenten des Ligaverbandes ernannt.

Hanno Edelmann wurde im November 1923 geboren und war ein deutscher Maler, Grafiker und Bildhauer. 1948 begann Hanno Edelmann mit dem Kunststudium an der Hamburger Hochschule für Bildende Künste. Zunächst war er einige Semester in einer Grafikklasse, wechselte dann in eine Malklasse. Sein Studium finanzierte er durch die Illustration von Büchern. Nach dem Studium, 1953, unternahm er mit seiner Frau, der Künstlerin Erika Estag, Studienreisen nach Holland und Spanien. Insbesondere in Spanien entstanden viele großformatige Ölbilder.

In den 1980er-Jahren begann Hanno Edelmann mit der Gestaltung von Skulpturen, insbesondere aus Bronzeguss. Plastiken, großformatige Ölbilder, Aquarelle und Graphiken zeigen die schöpferische Vielfalt des Künstlers. In 22 Kirchen befinden sich Bildfenster, die Hanno Edelmann gestaltet hat. Er starb im Alter von 89 Jahren in Hamburg und wurde auf dem dortigen Rahlstedter Friedhof beigesetzt.

Wolfgang Becker wurde am 15. Mai 1910 geboren und war ein deutscher Filmregisseur, Filmeditor und Filmproduzent. In den 1960er Jahren arbeitete er verstärkt für das Fernsehen. Nach den sehr erfolgreichen Dreiteilern „Der Tod läuft hinterher" und „Babeck" sowie Episoden der Fernsehreihen „Das Kriminalmuseum" und „Die fünfte Kolonne" wurde Wolfgang Becker weitgehend zum Krimispezialisten. Bis Anfang der 1990er Jahre drehte Becker, der mit der Schauspielerin Gracia-Maria Kaus zusammenlebte, zahlreiche Episoden von Serienkrimis wie „Der Kommissar", „Derrick", „Tatort" und „Der Alte". Er starb am 30. Januar 2005 und wurde auf dem Waldfriedhof Grünwald beigesetzt.

Werner Bruhns wurde am 10. Oktober 1928 geboren und war ein deutscher Schauspieler und Synchronsprecher. Er erhielt von 1946 bis 1948 Schauspielunterricht bei Helmuth Gmelin. In dieser Zeit gab er 1946 seinen Einstand mit dem winzigen Part des zweiten Polizisten in einer Aufführung von „Die Dreigroschenoper" am Deutschen Schauspielhaus in Hamburg. Er blieb bis 1947 am Schauspielhaus, wechselte, nach einem Zwischenspiel am Schlosstheater von Eutin (Schleswig-Holstein), 1948/49 an Gmelins „Theater im Zimmer" und 1950 ans Thalia-Theater. Bruhns spielte mehrfach in Krimireihen wie „Tatort", „Der Kommissar" und „Derrick". Auch in eine Folge der Reihe „Stahlnetz" war er zu sehen.
Werner Bruhns verübte in seiner Heimatstadt kurz nach seinem 49. Geburtstag am 16. Oktober 1977 Suizid. Er fand seine letzte Ruhestätte auf dem Ohlsdorfer Friedhof in Hamburg.

Helga Feddersen wurde am 14. März 1930 geboren und war eine deutsche Schauspielerin, Autorin und Sängerin. Die Hamburger Volksschauspielerin war auf die Rolle der naiven, liebenswerten „Ulknudel" abonniert, vor allem seit 1955, als sie infolge einer Operation eine Fazialisparese erlitt. 1975 wurde sie durch ihre Rolle als Else Tetzlaff in Wolfgang Menges (Seite 64) Fernsehserie „Ein Herz und eine Seele" bekannt. 1983 gründete Helga Feddersen in Hamburg das „Theater am Holstenwall". Sie starb am 24. November 1990 in einem Hamburger Krankenhaus einem Leberkrebsleiden. Sie wurde auf dem Steigfriedhof in Stuttgart-Bad Cannstatt beigesetzt.

Ralf Arnie wurde als Artur Niederbremer am 14. Februar 1924 geboren und war ein deutscher Komponist, Liedtexter und Musikverleger. Arnie wurde zunächst Mitarbeiter der Musikverlage Sikorski und Ralph Maria Siegel. 1960 gründete er einen eigenen Verlag unter seinem Namen. Er komponierte und textete über 1000 Lieder für nahezu alle namhaften Schlagersänger der 1950er bis 1980er Jahre. Er entdeckte und produzierte unter anderem Udo Lindenberg und Otto Waalkes. Zu seinen erfolgreichsten Titeln zählt „Tulpen aus Amsterdam" (gesungen von Mieke Telkamp, 1959). Ralf Arnie starb am 19. Januar 2003 und wurde auf dem Friedhof Ohlsdorf beigesetzt.

Wolfgang Rademann wurde am 24. November 1934 geboren und war ein deutscher Journalist und Fernsehproduzent. Er gilt als Begründer der erfolgreichen Fernsehserie „Das Traumschiff". 1969 folgte für Wolfgang Rademann der erste Durchbruch mit der Peter Alexander Show. 26 weitere Shows mit dem beliebten Künstler folgten in den Jahren von 1972 bis 1995. Wolfgang Rademann starb am 31. Januar 2016 und wurde auf dem Friedhof Nikolassee in Berlin beerdigt.

Rudolf Roß wurde am 22. März 1872 geboren und war ein Hamburger Lehrer, Politiker und der erste sozialdemokratische Erste Bürgermeister in Hamburg von 1930 bis 1931. Im Jahr 1919 wurde er für die SPD in die Hamburgische Bürgerschaft gewählt, der er bis 1933 angehörte. Von 1920 bis 1928 war er Bürgerschaftspräsident; von 1919 bis 1928 war Roß zudem Leiter der 1919 gegründeten Hamburger Volkshochschule. In den Jahren 1928, 1929, 1932 und 1933 war Rudolf Roß Zweiter Bürgermeister und damit Stellvertreter von Carl Wilhelm Petersen, während vom 1. Januar 1930 bis zum 31. Dezember 1931 umgekehrt Petersen Stellvertreter von Roß als Erstem Bürgermeister war. Er starb am 16. Februar 1951 und wurde auf dem Friedhof Bergstedt beigesetzt.

Ludwig Frahm wurde 1856 geboren und war ein deutscher Lehrer und niederdeutscher Autor. Ludwig Frahm sammelte Erzählungen, Gedichte und Sagen seiner Heimat und schrieb überwiegend niederdeutsche Gedichte und Humoresken. Im Februar 1900 gründete er den noch heute existierenden Alster-Verein (Ziel des Vereins: die Förderung der Heimatkunde und des Naturschutzes im Alstertal). Er starb am 1. Juni 1936 und wurde auf dem Hamburger Friedhof Bergstedt beedigt.

Brigitte Mira wurde am 20. April 1910 in Hamburg geboren und war eine deutsche Volksschauspielerin, Kabarettistin und Chanson-Sängerin. Sie war bei Fernsehzuschauern bekannt als „Berliner Original" in Serien wie „Drei Damen vom Grill" und „Die Wicherts von nebenan". Sie starb im Alter von 94 Jahren am 8. März 2005. Brigitte Mira wurde auf dem Luisenfriedhof III am Fürstenbrunner Weg in Berlin-Westend beigesetzt. Die Grabstätte gehört zu den Ehrengräbern des Landes Berlin.

Anna Lühring wurde am 3. August 1796 in Bremen geboren und war als preußische Soldatin zeitweise eine deutsche Berühmtheit. Sie wurde als Kriegsheldin gefeiert. Das Grab Anna Lührings befindet sich vor dem Gedenkstein für die Opfer des Belagerungswinters 1813/14 auf dem Alten Friedhof in Hamburg-Hamm.

Karl Klasen wurde am 23. April 1909 in Hamburg geboren und war ein deutscher Jurist und von 1970 bis 1977 Präsident der Deutschen Bundesbank. Seine Grabstätte befindet sich auf dem Hauptfriedhof Ohlsdorf in Hamburg. Zur Erinnerung an seinen Vater stiftete Kai-Jacob Klasen 1992 den Karl-Klasen-Journalistenpreis.

Hilde Knoth wurde am 23. November 1888 geboren und war eine Schauspielerin. Sie wurde auch als „Herzogliche Hofschauspielerin" bezeichnet. Sie starb am 23. Dezember 1933 in Hamburg und wurde auf dem dortigen Friedhof Ohlsdorf beigesetzt.

Bob Kurt Iller wurde am 9. April 1912 in Fulda geboren und war ein deutscher Schauspieler, Conférencier, Sänger und Drehbuchautor. Er war unter anderem in dem Sexfilm „Die sündige Kleinstadt", 1975 ausgestrahlt, mit Helga Feddersen, Eva Pflug und Günter Lüdke zu sehen. Bon Kurt Iller starb am 21. Dezember 1980 in Hamburg und wurde auf dem dortigen Friedhof Ohlsdorf beigesetzt.

Johannes Dalmann wurde am 4. März 1823 geboren und war Wasserbaudirektor in Hamburg. Dalmann wurde 1875 auf dem St.-Jacobi-Friedhof in Hamburg-Eilbek beerdigt, wie „Ohlsdorf – Zeitschrift für Trauerkultur" (www.fof-ohlsdorf.de) berichtet. 1960 wurde die Grabstätte auf den Friedhof Ohlsdorf nahe Nordteich und Stiller Weg verlegt. Auf dem Ohlsdorfer Gedächtnisfriedhof befindet sich darüber hinaus ein Ehrengrabmal für Dalmann (Grabplatte 35).

Hanns Lothar wurde am 10. April 1929 in Hannover geboren und war ein deutscher Schauspieler. Er war in den 1950er und 1960er Jahren ein populärer Theater-, Film- und Fernsehdarsteller. In Alfred Weidenmanns Verfilmung von Thomas Manns „Buddenbrooks" spielte Hanns Lothar 1959 den Christian Buddenbrook. Er starb 1967 mit nur 37 Jahren, sein Grab befindet sich in Hamburg auf dem Ohlsdorfer Friedhof.

Volker von Collande wurde am 21. November 1913 geboren und war ein deutscher Schauspieler, Drehbuchautor und Regisseur. Er nahm Schauspielunterricht und debütierte 1933 im „Deutschen Theater Berlin" als Valentin in dem Stück „Faust". Er wirkte seit 1933 als Darsteller in über 30 Spielfilmen, als Drehbuchautor sowie als Regisseur von Filmen und Hörspielen. Besonders populär wurde der von ihm gedrehte Spielfilm „Hochzeit auf Immenhof" (1956). Er starb am 29. Oktober 1990 und wurde auf dem Friedhof Ohlsdorf neben seiner Schwester Gisela von Collande (Seite 172) beigesetzt.

103

Bertolt Brecht wurde am 10. Februar 1898 geboren und war ein einflussreicher deutscher Dramatiker und Lyriker des 20. Jahrhunderts. Seine Werke werden noch heute weltweit aufgeführt. berthold Brecht hat das epische Theater beziehungsweise „dialektische Theater" begründet und umgesetzt. 1928 wurde „Die Dreigroschenoper" im Theater am Schiffbauerdamm in Berlin uraufgeführt. 1949 siedelte Brecht nach Ost-Berlin über, wo gründete er mit seiner Frau Helene das „Berliner Ensemble", er wurde Künstlerischer Leiter. 1951 wurde Berhold Brecht mit dem Nationalpreis der DDR ausgezeichnet. 1955 stellte Brecht sich an die Spitze des Protests gegen die Aufnahme der Bundesrepublik in die NATO. Er starb am 14. August 1956 an den Folgen eines Herzinfarkts. Er wurde auf dem Dorotheenstädtischen Friedhof in Berlin beigesetzt.

Hermann Friedrich Messtorff war ein erfolgreicher Kaufmann und lebte von 1854 bis 1915. Genaue Geburts- und Sterbedaten sind nicht überliefert. Messtorff bekam den Beinamen „Prinz von Bergedorf", weil er sich ein riesiges Anwesen im damaligen Bergedorf (heute Hamburger Stadtteil) kaufte. Dort errichtete er sich eine prachtvolle Villa, in der das heutige Bezirksamt untergebracht ist. Besonderheit: einen öffentlich zugänglichen Weg auf dem parkähnlichen Anwesen hatte er kurzerhand untertunnelt. Sein Grab ist auf dem Friedhof Bergedorf.

Gotthilf Rudolph Bieber war ein Unternehmer. Zusammen mit Julius Ertel gründete er 1872 zusammen mit zwei Kommanditisten die Firma Ertel, Bieber & Co. in Hamburg. Diese betrieb die Kommissionsgeschäfte mit verschiedenen Waren und importierte den schwefelreichen spanischen Kies nach Deutschland – eine Tätigkeit, die 1882 zur Gründung der eigenen Kupferhütte Ertel, Bieber & Co. (ebenfalls in Hamburg) führte. Das Grab von Gotthilf Rudolph Bieber ist auf dem Friedhof Ohlsdorf in Hamburg.

Roger Willemsen war ein deutscher Publizist und Fernsehmoderator. Willemsen hatte Ansehen vor allem mit essayistischen Reisebüchern („Die Enden der Welt") errungen. Im Fernsehen machte er sich vor allem in den Neunzigerjahren mit der ZDF-Talksendung „Willemsens Woche" einen Namen. Er starb am 7. Februar 2016 und wurde auf dem Friedhof Ohlsdorf beigesetzt.

Heinrich Christian Meier wurde am 5. April 1905 geboren und war ein deutscher Schriftsteller, Dramaturg und Astrologe. Auf seinem Grabstein steht „Denker, Dichter, Kämpfer". Er starb am 30. August 1987 und wurde auf dem Friedhof Ohlsdorf in Hamburg beigesetzt.

Günter Gaus wurde am 23. November 1929 geboren und war ein deutscher Journalist, Publizist, Diplomat und Politiker. Er starb am 14. Mai 2004. Das Grab von Günter Gaus befindet sich auf dem Dorotheenstädtisch-Friedrichswerderschen Friedhof in Berlin-Mitte.

Rolf Dittmeyer wurde am 27. April 1921 geboren und war ein deutscher Unternehmer im Bereich Früchte und Fruchtsäfte. Er gründete die beiden Getränkemarken „Valensina" und „Punica". Nach seiner Entlassung aus amerikanischer Kriegsgefangenschaft begann er 1947 Philologie und Anglistik zu studieren. Ab 1955 baute Rolf Dittmeyer für einen großen Lebensmittelgroßhändler ein Vertriebsnetz für Frischfrüchte auf. 1960 machte sich Dittmeyer mit der Idee selbständig, im Ernteland direkt in Flaschen gefüllte Fruchtsäfte zu produzieren. Den Markennamen „Valensina" erfand seine Frau Hannelore 1967, wie Rolf Dittmeyer einmal mitteilte. Mit seinen Fruchtsäften war er von 1972 bis 1984 Exklusivlieferant der Olympischen Spiele. Die Marke „Punica" entstand 1975. Ab 1979 begann Dittmeyer, an der spanischen Atlantikküste die größte Orangenplantage Europas aufzubauen. Er starb am 17. Mai 2009 und wurde auf dem Nienstedtener Friedhof in Hamburg beigesetzt.

Rudolf Noelte wurde am 20. März 1921 geboren und war ein deutscher Fernseh-, Theater- und Opernregisseur. 1945 begann er ein Studium der Theaterwissenschaften und studierte zudem Germanistik, Philosophie und Kunstgeschichte an der Universität Berlin. Nach seinem Studium war er als Schauspieler und Regieassistent am Berliner Hebbel-Theater aktiv. Es folgte eine enge Zusammenarbeit mit Jürgen Fehling (Seite 71) und Erich Engel. Seinen ersten Erfolg hatte er 1948 mit „Draußen vor der Tür" von Wolfgang Borchert. 1999 erhielt Rudolf Noelte den Bayerischen Theaterpreis. Am 8. November 2002 starb er und wurde auf dem III. Städtischen Friedhof Stubenrauchstraße in Berlin-Friedenau beerdigt, wenige Meter von Marlene Dietrich (Seite 56) und Helmut Newton (Seite 49) entfernt.

Paula Westendorf wurde am 26. Oktober 1893 geboren und war eine Politikerin der SPD und Mitglied der Hamburgischen Bürgerschaft. Paula Westendorf engagierte sich direkt nach der Befreiung vom Nazi-Regime stark in der Politik und in anderen gesellschaftlichen Ämtern. Ab Oktober 1946 gehörte sie der ersten und zweiten demokratischen Bürgerschaft nach dem Zweiten Weltkrieg an. Im Jahr 1947 war sie Beisitzerin des Verwaltungsgerichts. 1947 und 1953 übernahm sie das Amt als Deputierte in der Kulturbehörde sowie 1948 in der Baubehörde. Paula Westendorf starb am 3. Oktober 1980. Sie wurd eauf dem Friedhof Ohlsdorf beigesetzt. Das Grab wurde zwischenzeitlich aufgelassen. Der Grabstein steht allerdings zur bleibenden Erinnerung im so genannten „Garten der Frauen" des Ohlsdorfer Friedhofs.

Paul Kunzendorf wurde am 11. September 1853 geboren und war ein deutscher Schriftsteller, Journalist und Regionalhistoriker. Unter anderem hat das Buch „Hervorragende Söhne und Töchter der Mark" (Berlin, Wien 1892-93) herausgegeben. Er lebte die letzten Jahre seines Lebens in Berlin-Zehlendorf. Er starb am 20. April 1923 und wurde auf dem Friedhof Zehlendorf in Berlin beigesetzt. Seit 1994 ist es ein Ehrengrab des Landes Berlin.

Gerda Gmelin wurde am 23. Juni 1919 geboren und war eine deutsche Schauspielerin und Theaterintendantin. Gmelin war die Tochter des Schauspielers und Theatergründers Helmuth Gmelin. Sie absolvierte nach der Mittleren Reife von 1937 bis 1939 die Schauspielschule im Hamburger Schauspielhaus. Ihr erstes Engagement erhielt sie am Theater Koblenz, 1955 ging sie an das Hamburger „Theater im Zimmer", das ihr Vater 1947 in Hamburg in seiner eigenen Wohnung gegründet hatte. Nach dem Tod ihres Vaters im Oktober 1959 übernahm sie die Leitung der Bühne. Bis zur Schließung im Jahr 1999 leitete sie das Theater als Direktorin. Bekannt wurde Gmelin auch durch zahlreiche Fernsehproduktionen: „Die Unverbesserlichen", „Tatort" und beispielsweise dem bekannten Sketch „Kosakenzipfel" (mit Loriot, Seite 90). Eine prägnante Rolle hatte sie 1988 in „Die Bertinis" und eine Serienrolle in der Arztserie „Der Landarzt". Sie starb am 14. April 2003 in ihrer Heimatstadt Hamburg. Ihr Grab befindet sich im „Garten der Frauen" auf dem Friedhof Ohlsdorf in Hamburg.

Sexy Cora (bürgerlich Carolin Wosnitza) wurde am 2. Mai 1987 in Ost-Berlin geboren und war eine deutsche Pornodarstellerin und Schauspielerin. Im Jahr 2009 wurde sie durch medienwirksam inszenierte Pornodrehs einer breiteren Öffentlichkeit bekannt. Beispielsweise kam es bei einem Pornodreh mit zwölf Männern in einem Naturschutzgebiet zu einem Polizeieinsatz, in Hamburg-St. Pauli machte sie einen Weltrekordversuch im Oralverkehr. Im Januar 2010 war sie Teil der zehnten Staffel der TV-Produktion „Big Brother". Sie wirkte außerdem in einer Nebenrolle im Kinofilm „Gegengerade – 20359 St. Pauli" mit. Am 20. Januar 2011 verstarb Sexy Cora infolge von Operationskomplikationen anlässlich einer Brust-OP. Ihr Grab ist auf dem Friedhof Ohlsdorf in Hamburg.

Martha Hachmann-Zipser wurde am 11. Dezember 1864 geboren und war eine deutsche Schauspielerin. Fast 40 Jahre, bis kurz vor ihrem Tod, stand Martha Hachmann-Zipser auf der Bühne des Schauspielhauses in Hamburg. Begonnen hatte sie mit 15 Jahren am Torgauer Theater. Ab 1887 spielte sie überwiegend in Berlin, wobei ihre Gastspielreisen sie durch Deutschland, Österreich, Ungarn bis nach New York führte. 1900 folgte sie ihrem schwer nervenkranken Kollegen und Ehemann Cord Hachmann ans Hamburger Schauspielhaus. Obwohl sie sich aufopfernd um ihren Mann kümmerte, fand sie noch die Kraft für ihre eigene Karriere. Anläßlich ihres 70sten Geburtstages ernannte der Hamburger Senat sie zur Hamburgischen Staatsschauspielerin. Sie starb am 30. Dezember 1940 und wurde auf dem Friedhof Ohlsdorf beigesetzt. Ihr Grabstein steht im dortigen „Garten der Frauen".

Domenica Niehoff (Künstlername: „Domenica") wurde am 3. August 1945 geboren und war eine Edel-Prostituierte, Domina und Streetworkerin in Hamburg. Sie galt als Deutschlands prominenteste ehemalige Prostituierte. Bekannt wurde sie vor allem durch Auftritte in Fernseh-Talkshows in den 1980er Jahren, in denen sie für die Anerkennung und Legalisierung des Berufsstands der Prostituierten kämpfte. 1990 beendete sie – im Alter von 45 Jahren – ihre Tätigkeit als Prostituierte und arbeitete verstärkt in sozialen Projekten. 1991 war Niehoff Mitinitiatorin des Prostituierten-Hilfsprojektes Ragazza e. V. im Hamburger Stadtteil St. Georg. Sie betreute als Sozialarbeiterin junge drogensüchtige Mädchen und Frauen, die ihre Sucht durch Prostitution finanzierten und aus der Prostitution aussteigen wollten.

Domenica Niehoff starb am 12 Februar 2009 in Hamburg an den Folgen eines schweren Lungenleidens. Ihre letzte Ruhe fand Domenica auf dem Ohlsdorfer Friedhof, im „Garten der Frauen".

Karin Eickelbaum war eine deutsche Film- und Theaterschauspielerin. Sie starb am 16. April 2004 und wurde auf dem Berliner Waldfriedhof Dahlem beigesetzt.

Amandus Augustus Abendroth wurde am 16. Oktober 1767 geboren und war hamburgischer Senator und seit 1831 Hamburger Bürgermeister. Das Foto zeigt das Grabmal Abendroths auf dem Alten Hammer Friedhof in Hamburg-Hamm.

Mita von Ahlefeldt wurde am 13. Dezember 1891 geboren und war eine deutsche Schauspielerin. Nach dem Schulabschluss an einer Privatschule absolvierte von Ahlefeldt zunächst eine Ausbildung an einem Hamburger Lehrerseminar. Im Alter von 27 Jahren nahm sie im Jahr 1919 privaten Schauspielunterricht. Ihr Debüt als Bühnenschauspielerin erfolgte ein Jahr später als „Puck" in einer Inszenierung von Shakespeares „Sommernachtstraum" an den Hamburger Kammerspielen. Sie spielte in verschiedenen Kino- und Fernsehproduktionen („Schlachtvieh" oder „Drei Birken auf der Heide"). Mita von Ahlefeldt starb am 18. April 1966 im Alter von 74 Jahren und wurde auf dem Friedhof Ohlsdorf beerdigt. Ihr Grabstein befindet sich heute im dortigen „Garten der Frauen".

Evelyn Hamann wurde am 6. August 1942 geboren und war eine deutsche Schauspielerin und Synchronsprecherin. In den 1980er Jahren spielte sie unter anderem die Rolle der Haushälterin Carsta Michaelis in der Arztserie „Die Schwarzwaldklinik". Später war sie regelmäßig in der Rolle der Thea in der wöchentlichen Arztserie „Der Landarzt" zu sehen. Von 1993 bis 2005 lief die Fernsehserie „Evelyn Hamanns Geschichten aus dem Leben" mit ihr in der Hauptrolle. Ab 1993 spielte sie die Titelrolle in der erfolgreichen Fernsehserie „Adelheid und ihre Mörder". Evelyn Hamann starb in der Nacht zum 28. Oktober 2007 und wurde auf dem Alten Niendorfer Friedhof in Hamburg beigesetzt.

Egon Bahr wurde am 18. März 1922 geboren und war ein deutscher SPD-Politiker. Von 1972 bis 1974 war er Bundesminister für besondere Aufgaben und von 1974 bis 1976 Bundesminister für wirtschaftliche Zusammenarbeit. Unter dem von ihm geprägten Leitgedanken „Wandel durch Annäherung" war er einer der entscheidenden Vordenker und führender Mitgestalter der von der Regierung unter Willy Brandt ab 1969 eingeleiteten Ost- und Deutschlandpolitik. Bahr starb am 19. August 2015 im Alter von 93 Jahren an den Folgen eines Herzinfarktes. Egon Bahr erhielt auf dem Dorotheenstädtischen Friedhof ein Ehrengrab Berlins.

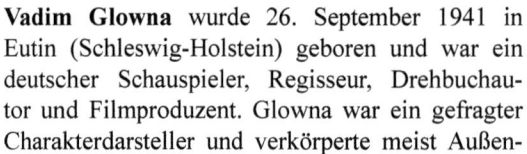

Vadim Glowna wurde 26. September 1941 in Eutin (Schleswig-Holstein) geboren und war ein deutscher Schauspieler, Regisseur, Drehbuchautor und Filmproduzent. Glowna war ein gefragter Charakterdarsteller und verkörperte meist Außenseiter. Er war leicht erkennbar an seiner heiseren, kehligen Stimme. Vadim Glowna starb am 24. Januar 2012 in einem Berliner Krankenhaus nach kurzer, schwerer Krankheit und wurde auf dem Friedhof Heerstraße in Berlin-Westend beigesetzt.

Horst Caspar wurde am 20. Januar 1913 geboren und war ein deutscher Bühnen- und Filmschauspieler. Sein Rollenfach am Theater waren die klassischen, jugendlichen Helden. Mit nur 39 Jahren starb der Charakterdarsteller, der seit 1944 mit der Schauspielerin Antje Weisgerber (Seite 43) verheiratet war, in Berlin-Dahlem. Das gemeinsame Ehrengrab des Schauspieler-Ehepaars Horst Caspar und Antje Weisgerber befindet sich auf dem Kirchhof der St. Annen-Gemeinde in Berlin-Dahlem.

Hildegard (genannt Hilde) Wulff wurde am 7. Januar 1898 geboren und war eine deutsche Sonderpädagogin und Stiftungsgründerin. Aufgrund einer Kinderlähmung war sie lebenslang körperlich behindert. Deshalb arbeitete sie seit 1923 als aktives Mitglied im Selbsthilfebund der Körperbehinderten in Düsseldorf und Berlin mit und gründete am 4. Juli 1931 die „Krüppelhilfe und Wohlfahrt GmbH". Sie kaufte im Oktober 1931 ein Grundstück in Hamburg-Volksdorf: die darauf befindliche Villa konnte sie zunächst nicht selbst unterhalten, daher überließ sie das Gebäude der Hamburger Wohlfahrtsbehörde für die Kinder- und Jugendseelsorge. Hilde Wulff, die aufgrund eines Unfalls seit 1955 im Rollstuhl saß, starb am 23. Juli 1972 im Erlenbusch (Wohngruppen für Menschen mit Behinderungen in Hamburg-Volksdorf), in dem sie ein lebenslanges Wohnrecht besaß. Sie wurde auf dem Friedhof Ohlsdorf beigesetzt, ihr Grabstein steht im „Garten der Frauen".

Erni Kaufmann wurde am 3. Juni 1906 geboren und war eine deutsche Musikerin. Die musikalische Begabung von Erni und ihrem Bruder Adolf Handke (1908-1975) zeigte sich schon früh. Adolf war von 1938 bis 1952 Erster Waldhornist im Berliner Philharmonischen Orchester, Ernis musikalische berufliche Laufbahn begann und endete in Hamburg in den 1920er und 30er Jahre. Sie war überwiegend als Musikerin in Damenorchestern aktiv. Sie starb am 11. Oktober 1957 und wurde auf dem Friedhof Ohlsdorf beigesetzt. Im „Garten der Frauen" erinnert noch heute ihr Grabstein an die Musikerin.

Friedrich Schenker wurde am 23. Dezember 1942 geboren und war ein deutscher Avantgarde-Komponist und Posaunist. An der Hochschule für Musik „Hanns Eisler" Berlin studierte er von 1961 bis 1964 Posaune und Komposition. Neben seinem Studium eignete sich Friedrich Schenker autodidaktisch die Technik der Dodekaphonie an und wirkte in einer Jazz-Band mit. Im Jahr 1970 gründete er mit sieben weiteren Musikern aus dem Rundfunk-Sinfonieorchester Leipzig und dem Gewandhausorchester Leipzig die Gruppe „Neue Musik Hanns Eisler". Seit 1982 war Schenker als freiberuflicher Musiker und Komponist sowie Berater für Neue Musik am Leipziger Gewandhaus (bis 1989) tätig und erhielt Lehraufträge für Komposition und Improvisation an der Hochschule für Musik und Theater Leipzig. Von 2000 bis 2002 war er Theaterkomponist am Staatstheater Kassel. Er starb am am 8. Februar 2013 nach schwerer Krankheit in Berlin. Er ist auf dem Friedhof der Dorotheenstädtischen und Friedrichswerderschen Gemeinden beigesetzt.

Frieda Radel wurde am 10. Mai 1869 geboren und war eine Hamburger Politikerin der DDP und Abgeordnete der Hamburgischen Bürgerschaft. Sie war als Journalistin und Schriftleiterin beim „Hamburger Fremdenblatt" beschäftigt, wo die Beilage „Frauenrundschau" ihrer Verantwortung oblag. Frieda Radel war Mitglied im Verein „Frauenwohl", im Hamburg-Altonaer Zweig des „Deutschen Vereines für Frauenstimmrecht" sowie im „Deutschen Bund für Mutterschutz und Sexualreform". Sie schrieb viele Artikel über Frauenfragen und die Frauenbewegung. Außerdem arbeitete sie als freie Journalistin für die Deutsche Welle und die Nordische Rundfunk AG (Norag). Sie vertrat die DDP von 1919 bis 1927 in der Hamburgischen Bürgerschaft. Radel starb am 20. November 1958 und wurde auf dem Friedhof Ohlsdorf in Hamburg beigesetzt. Im „Garten der Frauen" wird auf einem Stein der Erinnerungsspirale an sie erinnert.

Gretchen Wohlwill wurde am 27. November 1878 geboren und war eine Malerin und Mitglied der Hamburgischen Sezession. Sie gehörte zu den deutschen Schülerinnen der Académie Matisse in Paris und entwickelte einen von der französischen Avantgardekunst geprägten Malstil. Neben der Malerei war die Grafik ein Schwerpunkt ihrer Arbeit. Wegen ihres jüdischen Hintergrunds von den Nationalsozialisten verfolgt, emigrierte sie 1940 nach Portugal. Nach zwölf Jahren im Exil kehrte sie 1952 nach Hamburg zurück. 1959 ernannte sie der Berufsverband bildender Künstler in Hamburg zum Ehrenmitglied. Sie starb am 17. Mai 1962, ihr Grabstein liegt im „Garten der Frauen" auf dem Hamburger Ohlsdorfer Friedhof.

Magda Bäumken (verheiratete Magda Bullerdiek) wurde am 17. Oktober 1890 geboren und war eine deutsche Theaterschauspielerin und Hörspielsprecherin. Ihre Karriere begann zunächst am Deutschen Schauspielhaus. 1921 kam sie mehr durch Zufall zu Richard Ohnsorg an die Niederdeutsche Bühne Hamburg (seit 1946 Ohnsorg-Theater). 1944 heiratete sie ihren Bühnenkollegen Walther Bullerdiek (Seite 160). Auch nach dem Zweiten Weltkrieg spielte sie bis zu ihrem Tod am Ohnsorg-Theater und war dort eine der bekanntesten Schauspielerinnen. So trat sie noch 1954 in „Das Herrschaftskind" zusammen mit Heidi Kabel (186), Heini Kaufeld, Heinz Lanker (Seite 161) und unter anderem Walter Scherau (Seite 162) auf. Darüber hinaus war sie meist zusammen mit ihren Ohnsorg-Kollegen seit 1950 in zahlreichen Hörspielen des NWDR Hamburg, beziehungsweise des NDR zu hören gewesen. Sie starb am 23. August 1959 und wurde auf dem Friedhof Ohlsdorf in Hamburg beerdigt. Ihr Grabstein ist im dortigen „Garten der Frauen" aufgestellt.

Hans von Dohnanyi wurde am 1. Januar 1902 geboren und war ein deutscher Jurist und Widerstandskämpfer gegen den Nationalsozialismus. Nach kurzer Tätigkeit beim Hamburger Senat begann 1929 seine Laufbahn beim Reichsjustizministerium als persönlicher Referent mehrerer Justizminister mit der Dienstbezeichnung Staatsanwalt und seit 1934 als Regierungsrat. Hans von Dohnanyi wurde 1938 als Reichsgerichtsrat nach Leipzig versetzt infolge seiner Kritik an der NS-Rassenpolitik. Im März 1943 beteiligte sich von Dohnanyi an Attentat und Putschversuch Henning von Tresckows gegen Adolf Hitler. Die in Smolensk in Hitlers Flugzeug geschmuggelte Bombe versagte aber.

Im April 1943 wurde Dohnanyi unter dem Vorwurf angeblicher Devisenvergehen festgenommen. Heeresrichter Karl Sack verschleppte das Verfahren gegen ihn absichtlich. 1944 wurde Dohnanyi in das Konzentrationslager Sachsenhausen eingeliefert. Nachdem das Attentat vom 20. Juli 1944 auf Hitler und der Umsturzversuch gescheitert waren, wurden am 22. September 1944 geheime Aufzeichnungen Dohnanyis gefunden.

Infolge dessen befahl Hitler ihn hinrichten zu lassen. In einem Schnellverfahren wurde der krank auf einer Trage liegende Dohnanyi zum Tode verurteilt und am 9. April 1945 erhängt. Auf dem Friedhof der Dorotheenstädtischen Gemeinde in Berlin erinnert ein Grabstein an den Widerstandskämpfer.

Otto Lüthje wurde am 17. Mai 1902 geboren und war ein deutscher Schauspieler, Hörspielsprecher und Mittelschullehrer. Lüthje begann (genau wie seine Kollegen Hans Langmaack und Walther Bullerdiek) beruflich ein Doppelleben zu führen und gab den Beruf des Schullehrers nie auf. So stand er vormittags im Klassenzimmer und abends auf der Bühne. Seine Schüler sollen auf Lüthje sehr stolz gewesen sein. Das Ensemble-Mitglied und späterer Intendant des „Ohnsorg-Theaters" Günther Siegmund war ein früherer Schüler von ihm. Zu Beginn seiner Bühnenkarriere spielte Lüthje zunächst kleinere Rollen. Mal den ersten Bauern, ein anderes Mal den zweiten Soldaten, wie er es selbst manchmal nannte. Erst zu Beginn der 1930er Jahre erkannte Richard Ohnsorg das komödiantische Talent von Otto Lüthje – ab dieser Zeit verkörperte er häufig komische Liebhaber. Den ernsthaften Liebhaberrollen verweigerte er sich. Wie die meisten der Ohnsorg-Darsteller nahm er auch Rollen bei Film und Fernsehen an. So trat er auch in Krimis wie „Stahlnetz" oder „Gestatten, mein Name ist Cox" auf. Er gehörte dem Ohnsorg-Theater 48 Jahre lang an. Nach einem schweren Herzinfarkt war Otto Lüthje 1972 gezwungen, seine Bühnentätigkeit aufzugeben. Am 23. Januar 1977 starb er. Unter großer Anteilnahme der Bevölkerung wurde er am 31. Januar auf dem Hamburger Friedhof Ohlsdorf (Grabstelle: BT65 56) beigesetzt. Die Trauerfeier fand vorher auf dem Friedhof Bergstedt statt.

Herbert Marcuse wurde am 19. Juli 1898 geboren und war ein deutsch-US-amerikanischer Philosoph, Politologe und Soziologe. 1918 begann Marcuse mit dem Studium der Germanistik und der neueren deutschen Literaturgeschichte im Hauptfach, der Philosophie und der Nationalökonomie im Nebenfach. 1922 wurde Herbert Marcuse mit einer Arbeit über den deutschen Künstlerroman promoviert. Anschließend arbeitete er im Buchhandel und Verlagswesen in Berlin. Marcuse starb an den Folgen eines Hirnschlags am 29. Juli 1979. Nach seinem Tod wurde die Urne von seiner Frau in die USA überführt (nach der Machtübertragung an Hitler verließ Marcuse 1933 Deutschland und ging zunächst in die Schweiz, im Frühsommer 1934 emigrierte er in die Vereinigten Staaten). Die Asche wurde jedoch nicht bestattet, geriet in Vergessenheit und gelangte im Jahr 2003 in den Besitz seines Sohnes Peter. Dieser entschloss sich dazu, Marcuse auf dem Dorotheenstädtischen Friedhof in Berlin bestatten zu lassen.

John Heartfield wurde am 19. Juni 1891 geboren und war ein deutscher Maler, Grafiker, Fotomontagekünstler und Bühnenbildner. Er war ein Pionier an der Schnittstelle zwischen Kunst und Medien und gilt landläufig als der Erfinder der politischen Fotomontage. Im Jahr 1905 begann Helmut Herzfeld zunächst eine Lehre als Buchhändler in Wiesbaden, an die sich von 1908 bis 1911 ein Studium an der Kunstgewerbeschule München anschloss. 1912 arbeitete er als Werbegrafiker in München, es folgte ein Studium an der Kunst- und Handwerkerschule in Berlin. 1924 erschien Heartfields Fotomontage „Väter und Söhne 1924", sie gilt als seine erste politische Fotomontage. Am 26. April 1968 starb John Heartfield im Alter von 76 Jahren in Ost-Berlin und wurde auf dem Dorotheenstädtischen Friedhof beigesetzt. Gemäß seinem Testament wurde in der Akademie der Künste der DDR ein John-Heartfield-Archiv eingerichtet. Am 26. April 1968 starb John Heartfield in Ost-Berlin und wurde auf dem Dorotheenstädtischen Friedhof beigesetzt.

Arnold Zweig wurde am 10. November 1887 geboren und war ein deutscher Schriftsteller. Nach dem Ersten Weltkrieg ließ sich Zweig als freier Schriftsteller am Starnberger See nieder. Es entwickelte sich eine Freundschaft mit Lion Feuchtwanger und Sigmund Freud (dem er auch seinen Roman „Der Streit um den Sergeanten Grischa" widmete). In Essays, Theaterstücken und Kurzprosa gestaltete Zweig seine Kriegserlebnisse und seine Auseinandersetzung mit dem Judentum. Arnold Zweig hatte sein Atelierhaus in der Siedlung Eichkamp in Berlin-Charlottenburg (Kühler Weg 9). Nach der Übernahme der Macht durch die Nationalsozialisten wurden Zweigs Bücher im Rahmen von Bücherverbrennungen öffentlich verbrannt. Zweig emigrierte zuerst in die Tschechoslowakei, dann in die Schweiz und schließlich nach Frankreich. 1948 kehrte Arnold Zweig aus dem Exil nach Ost-Berlin zurück. Als bekennender Sozialist wurde er in der Sowjetischen Besatzungszone und der späteren DDR geehrt. Er starb am 26. November 1968, sein Ehrengrab befindet sich auf dem Dorotheenstädtischen Friedhof (Abteilung CM) in Berlin.

Hanns Eisler wurde am 6. Juli 1898 geboren und war ein österreichischer Komponist. Er hat neben seinen musikalischen Werken eine Reihe musiktheoretischer und einflussreicher politischer Schriften, aber auch ein Libretto hinterlassen. Neben Alban Berg und Anton Webern gilt Hanns Eisler als einer der später bekannteren Schüler Arnold Schönbergs, und wird – trotz zeitweiliger inhaltlicher Differenzen zu seinem Lehrer – der „Zweiten Wiener Schule" zugerechnet. Er war politisch und künstlerisch gesehen der engste Weggefährte des Dramatikers und Lyrikers Bertolt Brecht (Seite 104), mit dem er von Ende der 1920er Jahre bis zu dessen Tod persönlich und musikalisch verbunden war. Einige seiner bekanntesten Werke hat er gemeinsam mit Brecht geschaffen. Hanns Eisler verantwortete Klavier- und Orchesterwerke, eine Reihe kammermusikalischer Kompositionen, zahlreiche Bühnen- und Filmmusiken, sowie über 500 Lieder. Das Repertoire reicht vom Arbeiterlied bis zum zwölftönig komponierten Kunstlied. Zusammen mit Theodor W. Adorno schrieb er in den 1940er Jahren ein für die damalige Zeit als Standardwerk einzustufendes Buch über Filmmusik, Komposition für den Film. Hanns Eisler entwickelte ab 1954 mit dem Tänzer und Choreographen Jean Weidt die heute noch beliebten „Störtebeker-Festspiele" in Ralswieck auf der Insel Rügen. Wegen seiner jüdischen Herkunft und seiner kommunistischen Überzeugung war Eisler während der 1930er und 1940er Jahre im Exil. Er starb am 6. September 1962 und wurde auf dem Dorotheenstädtischen Friedhof in Berlin beigesetzt.

Axel Springer wurde am 2. Mai 1912 geboren und war ein deutscher Zeitungsverleger sowie Gründer und Inhaber der heutigen Axel Springer SE. Wegen der Machtfülle des Konzerns sowie der Art und Weise, wie Springer diese gebrauchte, gehört er zu den umstrittensten Persönlichkeiten der deutschen Nachkriegsgeschichte. 1948 gab er das „Hamburger Abendblatt" als erste vom Hamburger Senat lizenzierte Tageszeitung heraus. Springers Rundfunk- und Fernsehzeitschrift „Hör Zu!" (später „Hörzu") erreichte in den 1950er Jahren erstmals eine Auflage von über einer Million. Am 22. September 1985 verstarb Axel Springer in Berlin und wurde auf dem Evangelischen Kirchhof Berlin-Nikolassee beerdigt. Sein Grab ist als Ehrengrab der Stadt Berlin gewidmet.

Theodor Storm wurde am 14. September 1817 in Husum geboren und war ein deutscher Rechtsanwalt und Schriftsteller, der als Lyriker und als Autor von Novellen, Märchen und Prosa des deutschen Realismus mit norddeutscher Prägung bedeutend war. Im bürgerlichen Beruf war Storm Jurist. Storm schrieb als 15-jähriger Schüler seine ersten Gedichte, die der damals populären Wochenblattpoesie nachempfunden waren. Er starb am 4. Juli 1888 und wurde auf dem St.-Jürgen-Friedhof in Husum in einer Familiengruft beigesetzt.

Rudolf Augstein wurde am 5. November 1923 geboren und war ein deutscher Journalist, Verleger, Publizist und der Gründer des Nachrichtenmagazins „Der Spiegel", dessen Herausgeber er bis zu seinem Tode blieb. In den 1960er Jahren gründete Augstein die „Rudolf Augstein Stiftung", die seinen Nachlass verwaltet und sich unter anderem für wohltätige Zwecke einsetzt. Rudolf Augstein starb am 7. November 2002, zwei Tage nach seinem 79. Geburtstag, in Hamburg an den Folgen einer Lungenentzündung. Die Beisetzung fand am 19. November 2002 auf dem Friedhof der evangelisch-lutherischen Severin-Kirche in Keitum auf Sylt statt.

Ferdinand Avenarius wurde am 20. Dezember 1856 geboren und war ein deutscher Dichter und Gründer der Zeitschrift „Der Kunstwart", in der aktuelle Themen der Kunst und Kulturpolitik behandelt wurden. 1902 gründete er den „Dürerbund", eine kulturpolitische Vereinigung (1902 bis 1935). Ferdinand Avenarius starb am 20. September 1923 im Alter von 66 Jahren und wurde ebenfalls auf dem Friedhof der Inselkirche St. Severin in Keitum auf Sylt beigesetzt.

Alfred Hause wurde am 8. August 1920 geboren und war ein deutscher Violinist, Dirigent und Kapellmeister. Der „deutsche Tango-König" hatte großen Anteil an der Ausrichtung der Unterhaltungsmusik in Deutschland nach dem Zweiten Weltkrieg. Er kreierte seinen legendären „Continental-Tango-Sound". Bekannt wurde Hause durch zahlreiche Rundfunk- und Schallplattenaufnahmen sowie durch Auftritte in Fernsehsendungen von Peter Frankenfeld („Toi, toi, toi") und Hans-Joachim Kulenkampff („EWG"), sowie in zahlreichen Hörfunksendungen von Hans Rosenthal („Wer fragt, gewinnt", „Allein gegen alle", „Spaß muß sein"), später auch in der Sonntagmorgen-Sendung „Hamburger Hafenkonzert". Ehrenamtlich war Hause Kurator der Paul-Lincke-Gesellschaft. Am 29. Dezember 1995 erhielt er das Bundesverdienstkreuz am Bande. Am 14. Januar 2005 verstarb Alfred Hause nach schwerer Krankheit, seine Urne befindet sich auf dem Hamburger Friedhof Ohlsdorf im Kolumbarium der Kapelle 11 an der Stirnseite rechts.

Sven Simon (Pseudonym von Axel Springer junior) wurde am 7. Februar 1941 in Hamburg geboren und war ein deutscher Fotograf und Journalist. Er war Sohn des Verlegers Axel Springer (Seite 131) war zeitweise Chefredakteur der „Welt am Sonntag". Er hat sich jedoch vor allem einen Namen als Sportfotograf gemacht und für seine Arbeit zahlreiche Preise gewonnen: eine Fotografie des deutschen Nationalfußballspielers Uwe Seeler, der beim Finale der Fußball-Weltmeisterschaft 1966 mit hängendem Kopf das Spielfeld des Wembley-Stadions verlässt, wurde von der „Welt am Sonntag" zum „Sportfoto des Jahrhunderts" gewählt. Im Alter von 38 Jahren hatte sich Sven Simon am 3. Januar 1980 in Hamburg auf einer Parkbank erschossen. Er wurde auf dem Friedhof Groß-Flottbek in Hamburg beigesetzt.

Wolf Graf von Baudissin wurde am 8. Mai 1907 geboren und war ein deutscher Offizier, zuletzt im Rang eines Generalleutnants, Militärtheoretiker und Friedensforscher. Baudissin war maßgeblich am Aufbau der Bundeswehr und insbesondere an der Entwicklung der Inneren Führung beteiligt. Er war Sohn des preußischen Regierungspräsidenten in Trier, Theodor Graf von Baudissin und seiner Frau Elis. 1951 trat er als Referatsleiter in das Amt Blank ein, wurde 1955 Unterabteilungsleiter im Verteidigungsministerium und 1956 als Oberst in die Bundeswehr übernommen. 1958 bis 1961 kommandierte Baudissin eine Kampfgruppe, die spätere Panzergrenadierbrigade 4. 1961 wurde er als Abteilungsleiter „Operations and Intelligence" in das NATO-Hauptquartier nach Fontainebleau versetzt. Von 1963 bis 1965 war er Kommandeur des NATO Defense College in Paris

und anschließend als Generalleutnant Stellvertretender Chef des Stabes für Planung und Operation beim NATO-Oberkommando Europa in Paris und später in Casteau (Belgien). Er starb am 5. Juni 1993, sein Grab ist auf dem Friedhof Groß-Flottbek in Hamburg.

Eva Maria Bauer wurde am 21. Oktober 1923 geboren und war eine deutsche Schauspielerin und Synchronsprecherin. In den 1940er-Jahren begann sie ihre Karriere als Schauspielerin und trat zunächst auf kleineren Bühnen in Oldenburg und Leer, schließlich in Hamburg am Ernst-Deutsch-Theater, an den Hamburger Kammerspielen und am Thalia Theater auf. An letzterem gehörte sie lange Zeit zum Ensemble, wo sie sich mit großem Einsatz und mit stets guten Kritiken sowie beim Publikum beliebt durch alle Rollenfächer hindurch spielte. Ihr Durchbruch im Fernsehen und Film gelang ihr erst im Alter von über 60 Jahren. Bekannt wurde sie in der Rolle der resoluten „Oberschwester Hildegard" Zeisig (in den Nachfolgefilmen Vogt) in der ZDF-Erfolgsserie „Die Schwarzwaldklinik". In der Folge spielte sie zahlreiche Rollen in bekannten Serien wie „Derrick", „Die Wicherts von nebenan", „Der Alte" und „Das Traumschiff". Außerdem spielte sie in Krankenhaus- und Arztserien wie „Der Landarzt", „Hallo, Onkel Doc!" und „St. Angela" mit. Eva Maria Bauer starb am 17. Mai 2006 und wurde auf einem der anonymen Urnenhaine (in Nähe der Kapelle 8) des Friedhof Ohlsdorf beigesetzt.

Albert Ballin wurde am 15. August 1857 in Hamburg geboren und war ein Hamburger Reeder und eine der bedeutendsten jüdischen Persönlichkeiten in der Zeit des deutschen Kaiserreiches. Er machte als Generaldirektor die Hamburg-Amerikanische Packetfahrt-Actien-Gesellschaft (HAPAG) zur größten Schifffahrtslinie der Welt. Am 31. Mai 1886 wurde Ballin Leiter des Passagedienstes der HAPAG. 1888 wurde er in den Vorstand der HAPAG berufen und trat aus der Firma „Morris & Co" aus; letztere wurde 1907 im Handelsregister gelöscht. Ab 1899 war er Generaldirektor der HAPAG und machte aus dem Unternehmen die größte Schifffahrtslinie der Welt. Albert Ballin war ein leidenschaftlicher Patriot und war während des Ersten Weltkriegs Leiter der Zentral-Einkaufsgesellschaft. Auf Albert Ballins Anregung entstanden die so  genannten Zwischendecks auf den Überseepassagierschiffen, um die Auswanderer billiger und besser transportieren zu können. Er beging am 9. November 1918, am Tag der Bekanntgabe des Thronverzichts Wilhelms II. und der Ausrufung der Republik, Suizid. Seine Grabstätte befindet sich auf dem Friedhof Ohlsdorf in Hamburg.

Edgar Bessen wurde am 11. November 1933 in Hamburg geboren und war ein deutscher Schauspieler. Seinen Geburtsnamen „Beßen" ließ er standesamtlich in Bessen ändern. Durch seine zahlreichen Rollen, insbesondere auch als Partner von Heidi Mahler, sowie viele Gastspiele und Fernsehübertragungen des „Ohnsorg-Theaters" im Fernsehen wurde er bundesweit einem großen Publikum bekannt. Hier gehörte er zu den Publikumslieblingen und zeigte in vielen Stücken sein komödiantisches Talent. Ab 1979 arbeitete Edgar Bessen vier Jahre lang als freier Schauspieler. In dieser Zeit spielte er unter anderem am Ernst Deutsch Theater, an den Hamburger Kammerspielen und der Landesbühne Schleswig. 1984 und 1985 gehörte er zum Ensemble des Deutschen Schauspielhauses. Danach spielte er am Hamburger „Theater im Zimmer", am Frankfurter „Theater am Turm" und am Berliner „Theater am Kurfürstendamm". Seit den 1970er Jahren übernahm er Gastrollen in zahlreichen Fernsehserien und -spielen, in denen er seine schauspielerische Bandbreite auch jenseits der plattdeutschen Bühne unter Beweis stellte. Beispielsweise war er in „Dem Täter auf der Spur", „Tatort", „St. Pauli Landungsbrücken" und „Achtung Zoll" zu sehen. Von Anfang der 1980er Jahre bis 1996 übernahm er in 18 Folgen der Krimi-"Reihe Schwarz Rot Gold" neben Uwe Friedrichsen die Rolle des Zollfahnders Globig. 1985 und 1987 spielte er in zwölf Folgen der Fernsehserie „Ein Fall für TKKG" den Kommissar Glockner. Außerdem lieh er seine Stimme derselben Rolle in der gleichnamigen Hörspiel-Reihe. Er starb am 2. Februar 2012. seine letzte Ruhestätte fand der Schauspieler auf dem Friedhof Ohlsdorf in Hamburg.

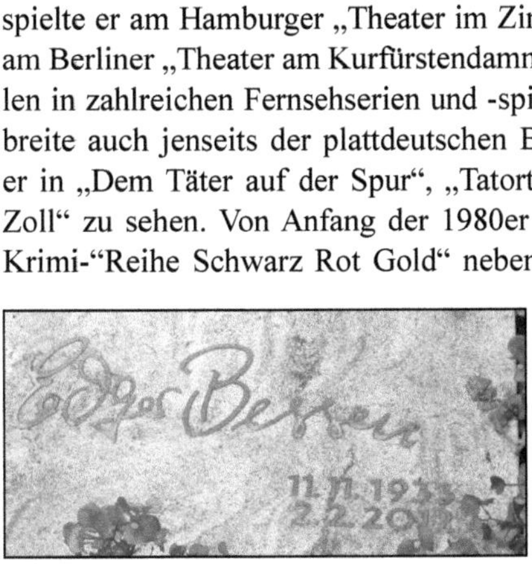

Adolph Hermann Blohm wurde am 23. Juni 1848 in Lübeck geboren und war ein deutscher Ingenieur und Mitbegründer der Schiffswerft „Blohm & Voss". Seine berufliche Laufbahn begann er als Lehrling in einer Maschinenfabrik. Nach erfolgreicher Ausbildung ging er zur Werft „C. Waltjen & Co." nach Bremen, um seine technischen und praktischen Kenntnisse zu vertiefen. Ein Studium an der Polytechnischen Schule Hannover, der Eidgenössischen Technischen Hochschule Zürich und am Königlich-Preußischen Gewerbeinstitut schloss er 1872 mit dem Examen ab. Nach dieser Zeit arbeitete Hermann Blohm kurze Zeit (1872 bis 1873) auf der Werft Tischbein in Rostock und auf der Reiherstiegwerft in Hamburg als Ingenieur. Im Jahre 1873 ging er nach England um in verschiedenen Ingenieurbüros und Werften sein Wissen als Schiffbauingenieur zu vervollständigen. Hermann Blohm kehrte 1876 in die Hansestadt Lübeck zurück in der Absicht, eine Werft für eiserne Dampfer an der Trave zu gründen. Allerdings kam eine Einigung mit den Hauptaktionären nicht zustande, weil deren finanzielle Vorstellungen überzogen schienen. Auch die Lübecker Behörden waren wenig entgegenkommend. Aus diesem Grunde ging Hermann Blohm nach Hamburg, wo er kurze Zeit später Ernst Voss kennenlernte. Mit ihm zusammen gründete er 1877, mit Hilfe eines Darlehens seines in der Sache skeptischen Vaters Georg Blohm über mehr als 500.000 Goldmark, das spätere Weltunternehmen „Blohm & Voss", welches erst Schiffe und dann auch Flugzeuge, speziell Flugboote baute, die ihrer Zeit weit voraus waren. Adolph Hermann Blohm starb am 12. März 1930 in Hamburg und wurde in der Familiengrabstätte auf dem dortigen Friedhof Ohlsdorf beigesetzt.

Erich Ziegel wurde am 26. August 1876 geboren und war ein deutscher Schauspieler, Regisseur, Intendant und Bühnenautor. Erich Ziegel begann seine Bühnenlaufbahn im Jahr 1894 (nach einer abgebrochenen Lehre zum Buchhändler) mit achtzehn Jahren als Schauspieler in Meiningen. Später spielte er in Lübeck und Breslau. Dort leitete er von 1906 bis 1909 ein Literarisches Sommertheater. 1911 gründete er die Münchner Kammerspiele, die er bis 1916 leitete. Von München ging er als Regisseur nach Hamburg ans Thalia Theater. In der Hansestadt gründete er 1918 die Hamburger Kammerspiele, die er rasch zu einem der wichtigsten und bedeutendsten deutschsprachigen Theater der 1920er Jahre machte.

Etliche Schauspieler und Regisseure begannen durch ihn oder bei ihm ihre Karrieren, unter anderem Axel von Ambesser, Josef Dahmen, Erich Engel, Rudolf Fernau, Ernst Fritz Fürbringer, Gustaf Gründgens, Wolfgang Heinz oder beispielsweise Werner Hinz.

Von 1926 bis 1928 leitete Ziegel zusätzlich das Deutsche Schauspielhaus und von 1932 bis 1934 das Hamburger Thalia Theater. 1934 zog er nach Wien, kam allerdings mit der österreichischen Mentalität nicht klar. Daraufhin engagierte ihn sein früherer Hamburger Star Gustaf Gründgens, der nun das Preußische Staatstheater in Berlin leitete, als Schauspieler, Regisseur und Dramaturg an seinem Haus und sorgte auch für den Schutz von Ziegels jüdischer Ehefrau. Erich Ziegel war auch in verschiedenen Spielfilmen zu sehen, wie zum Beispiel 1936 in „Moskau – Shanghai". Erich Ziegel starb am 30. November 1950 und ist zusammen mit seiner Gattin auf dem Friedhof Ohlsdorf in Hamburg begraben.

Johannes Büll wurde am 8. November 1878 geboren und war ein Hamburger Politiker der Vereinigten Liberalen, der Deutschen Demokratischen Partei (DDP) und der FDP. Büll wurde erstmals 1910 in die Hamburgische Bürgerschaft gewählt, wo er sich den Vereinigten Liberalen von Carl Wilhelm Petersen anschloss. Nachdem er bis dahin ununterbrochen dem Landesparlament angehört hatte, wurde er 1919 auch in die erste Bürgerschaft nach dem Ersten Weltkrieg gewählt. Büll war in der Nachkriegszeit zweimal in verschiedenen Koalitionen Senator der Stadt Hamburg. Insbesondere für seine Verdienste um den Wiederaufbau der Stadt Hamburg wurde ihm am 8. November 1953 die Bürgermeister-Stolten-Medaille verliehen.
Er starb am 20. Februar 1970 und wurde auf dem Friedhof Ohlsdorf beigesetzt.

Max Herz wurde am 3. Juli 1905 in Hamburg geboren und war ein deutscher Kaufmann und Unternehmer. Gemeinsam mit Carl Tchilling-Hiryan gründete er im Nachkriegsdeutschland im Jahr 1949 einen Kaffeeversand, den heutigen Tchibo-Konzern. Er heiratete 1940 die damals knapp 20-jährige Ingeburg Herz (starb am 30. September 2015). Mit ihr hatte er fünf Kinder. Nach dem Tod von max Herz gründete seine Frau die Max und Ingeburg Herz Stiftung, die insbesondere Einrichtungen für die medizinische Behandlung und Betreuung älterer Menschen unterstützt, aber auch zum Beispiel bei der Vergabe von Stipendien an deutsche Studenten, aktiv ist. Max Herz starb am 12. Mai 1965 im Alter von 59 Jahren in seiner Heimatstadt. Er wurde dort auf dem so genanten „Millionenhügel" auf dem Friedhof Ohlsdorf in Hamburg beigesetzt.

Rolf Italiaander wurde am 20. Februar 1913 geboren und war ein deutscher Schriftsteller, Übersetzer, Kunstsammler, Forschungsreisender, Ethnograf sowie Autor von Kinder- und Jugendbüchern. Als 19-jähriger Student machte er eine Radtour durch Nordafrika, wodurch er früh mit Bevölkerung und Kultur Afrikas in Kontakt kam. Seine lebenslange Liebe für Afrika war geboren und Basis für zahlreiche Forschungsreisen, unter anderem zu Albert Schweitzer. Während mehrerer Vortragsreisen durch Deutschland berichtete er von seinen Expeditionen. Nach dem Zweiten Weltkrieg ließ sich Italiaander in Hamburg nieder, wo er mit Hans Henny Jahnn (Seite 143) und anderen die Freie Akademie der Künste in Hamburg gründete und mehr als zwanzig Jahre als ihr Generalsekretär tätig war. Die Expertise des Schriftstellers, Völkerkundlers, Kunstsammlers, Museumsgründers und Dozenten an Hochschulen vieler Länder wurde auch von deutschen Regierungsleitern geschätzt, was 1984 mit der Verleihung des Bundesverdienstkreuzes 1. Klasse Anerkennung fand. Er starb am 3. September 1991 und wurde auf dem Friedhof Ohlsdorf beigesetzt.

Hans Henny Jahnn wurde am 17. Dezember 1894 geboren und war ein deutscher Schriftsteller, politischer Publizist, Orgelbauer und Musikverleger. Zu Lebzeiten und darüber hinaus war Jahnn vor allem wegen seiner drastisch grenzüberschreitenden literarischen Darstellungen von Sexualität und Gewalt stark umstritten. Mit seinem literarischen Werk zählt er laut der Sozialgeschichte der deutschen Literatur (1981) zu den „großen produktiven Außenseitern des 20. Jahrhunderts". Er verstand sich als „Antimilitarist", wandte sich gegen jede „Doktrin" einschließlich „Rassenhass und Todesstrafe" und lehnte Gewalt, auch gegen Tiere, ab. Jahnn bezeichnete den Menschen als „Schöpfungsfehler". In seinen Romanen, Aufsätzen und Reden beschrieb er das Ausmaß an Grausamkeit und Destruktivität, dessen der Mensch fähig sei. Auf Bornholm verfasste er den größten Teil seines Hauptwerkes Fluß ohne Ufer, einer Romantrilogie von über 2.000 Seiten: Band 1 „Das Holzschiff" (Erstveröffentlichung 1949), Band 2 „Die Niederschrift des Gustav Anias Horn nachdem er 49 Jahre alt geworden war" (erschienen 1949/50) und der nicht abgeschlossene „Epilog", der 1961 aus dem Nachlass erschien. Am 29. November 1959 erlag er einem Herzleiden. Sein Grab befindet sich auf dem Nienstedtener Friedhof. Die Grabanlage hat Jahnn gemäß den Vorgaben der Ugrino-Satzung entworfen. Auch seinen wachsversiegelten, mit Metall ausgekleideten Sarg aus überdickem Holz hatte er sich zu Lebzeiten nach der Ugrino-Satzung konstruieren lassen.

Wolfgang Gruner wurde am 20. September 1926 geboren und war ein deutscher Kabarettist, Synchronsprecher, Schauspieler und Regisseur. Sein Bekanntheitsgrad wurde durch seine Auftritte in der Fernsehshow „Der große Preis" mit Wim Thoelke enorm gesteigert. Dort trat er in über hundert Folgen regelmäßig als Berliner Taxifahrer Fritze Flink mit einer Kabarett-Nummer auf, welche für die Kandidaten eine Rätselfrage enthielt. Zudem spielte er den Polizisten Hund in der Kinderserie „Hals über Kopf". Wolfgang Gruner starb am 16. März 2002 und wurde auf dem Friedhof Heerstraße an der Trakehner Allee in Berlin bestattet. Seit November 2010 ist es ein Ehrengrab des Landes Berlin.

Alexander Jahr wurde am 15. April 1940 geboren und war ein deutscher Rechtsanwalt und Verleger. Alexander Jahr war der jüngste Sohn des 1991 verstorbenen Mitbegründers des Hamburger Druck- und Verlagshauses „Gruner & Jahr", John Jahr senior (Seite 79). Er war gemeinsam mit seinen Geschwistern John, Angelika Jahr-Stilcken und Michael Jahr über die familieneigene Jahr-Holding an der „Gruner & Jahr AG" beteiligt. Nach seinem Tod übernahm seine älteste Tochter Alexandra seinen Sitz in der Jahr-Holding. Ende der 1960er Jahre leitete Alexander Jahr bei „Gruner & Jahr" den Unternehmensbereich Bild und Ton. Er gründete im Jahr 1971 den eigenständigen Fachverlag „Jahr" und war von 1974 bis 1999 Aufsichtsratsmitglied bei „Gruner & Jahr". Im Jahre 2000 fusionierte der Jahr Verlag mit dem top special Verlag, einer Tochter der Axel Springer AG, zum Jahr Top Special Verlag. Im selben Jahr übergab der Verleger die Geschäftsführung an seine Tochter Alexandra Jahr. Der Jahr Top Special Verlag gehört zu Europas führenden Verlagen für Outdoor-, Sport- und Freizeitzeitschriften zu Themen wie Angeln (Zeitschrift „Blinker"), Fliegen, Segeln, Golf und Pferdesport. Alexander Jahr war ein passionierter Jäger, Pferdezüchter und Landwirt. Er besaß ein eigenes Schiff, mit dem er regelmäßig zum Angeln unterwegs war. Am 22. Juni 2006 starb Alexander Jahr auf seinem Landsitz in Polen an Herzversagen. Seine letzte Ruhestätte fand er auf der Familiengrabstätte auf dem Friedhof Ohlsdorf in Hamburg.

Ferdinand Pfohl wurde am 12. Oktober 1862 geboren und war ein deutscher Musikkritiker, Musikschriftsteller und Komponist. 1885 kam er nach Leipzig, wo er Musik bei Oskar Paul studierte. Er war Musikkritiker bei großen Zeitungen in Leipzig und Hamburg, später Komponist von spätromantischen Werken. Seine großen Orchesterwerke wurden unter anderem von Arthur Nikisch dirigiert. Er starb am 16. Dezember 1949, seine letzte Ruhestätte fand Ferdinand Pfohl auf dem Friedhof Bergedorf in Hamburg.

Hellmuth Karasek wurde am 4. Januar 1934 geboren war ein deutscher Journalist, Buchautor, Film- und Literaturkritiker und Professor für Theaterwissenschaft. Er schrieb auch drei Theaterstücke unter dem Pseudonym Daniel Doppler. Einem breiten Publikum wurde er als Teilnehmer der im ZDF ausgestrahlten Fernsehsendung Das Literarische Quartett bekannt. Karasek begann seine journalistische Laufbahn bei der „Stuttgarter Zeitung". Danach war er ein Jahr lang Chefdramaturg am Württembergischen Staatstheater Stuttgart und ab 1968 Theaterkritiker bei der Wochenzeitung „Die Zeit". Von 1974 bis 1996 leitete er beim Nachrichtenmagazin „Der Spiegel" das Kulturressort, wo er auch die Nennung von Autorennamen einführte. Nach dieser Tätigkeit war er bis 2004 Mitherausgeber des „Der Tagesspiegel". Karasek arbeitete daraufhin unter anderem für die Zeitungen „Die Welt", „Welt am Sonntag" und „Berliner Morgenpost". Er starb im Alter von 81 Jahren am 29. September 2015 und fand seine letzte Ruhestätte auf dem Friedhof Ohlsdorf in der so genannten „Dichter-Ecke".

Hermann Lause wurde am 7. Februar 1939 geboren und war ein deutscher Schauspieler. Von 1963 bis 1965 nahm Lause in München Schauspielunterricht, anschließend arbeitete er am Berliner Schillertheater, in dem er am 13. Dezember 1965 debütierte. 1968 bis 1971 war er am Theater in Essen engagiert, 1971/72 in Oberhausen, bevor es für ihn im September 1972 ans Schauspielhaus Bochum ging. Lause agierte als Neben- und Hauptdarsteller in verschiedenen Kino- und Fernsehfilmen, zum Beispiel in „Schtonk!" und „Der Zimmerspringbrunnen". Außerdem hatte er Gastauftritte in verschiedenen Folgen der Serien „Siska", „Derrick", „Der Alte", „Der Fahnder", „Großstadtrevier" und „Ein Fall für zwei". Er starb am 28. März 2005 und wurde auf dem Friedhof Ohlsdorf beigesetzt.

Gerhard Marcks wurde am 18. Februar 1889 geboren und war ein deutscher Bildhauer und Grafiker. Ab 1908 arbeitete Marcks in einer Werkstattgemeinschaft zusammen mit dem Bildhauer Richard Scheibe. Gerhard Marcks beschäftigte sich auch mit Porzellan; in den Schwarzburger Werkstätten für Porzellankunst Unterweißbach schuf er mehrere Tierplastiken. In den Jahren 1912 und 1913 befand er sich als Einjährig-Freiwilliger zur militärischen Ausbildung in Lübeck. Danach erhielt er einen Auftrag für die Kölner Werkbundausstellung in Verbindung mit Walter Gropius. Ab 1918 lehrte er an der Staatlichen Kunstgewerbeschule in Berlin bei Bruno Paul. 1919 wurde er an das „Staatliche Bauhaus" in Weimar berufen. Für die Olympischen Sommerspiele 1972 in München durfte Gerhard Marcks die Rückseite der Siegermedaillen gestalten. Er wählte als Abbildung die antiken Halbbrüder Kastor und Polydeukes, die bei den Griechen als Schutzpatrone der Kampfspiele und Freundschaft galten. Am 13. November 1981 starb er in seinem Landhaus in der Eifel, in das er sich seit Anfang der 1970er Jahre zurückzog. Seine letzte Ruhestätte fand er auf dem Friedhof Ohlsdorf in Hamburg. Dort erinnert diese Stele an Gerhard Marcks.

Georg Lingenbrink wurde am 1. Juli 1894 geboren und war ein deutscher Unternehmer. Er übernahm die Buchbestände eines insolventen Versicherungsnehmers und lieferte zunächst regional Bücher des „Reclam Verlages" und anderer Verlage aus. 1928 gründete er das Buchgroßhandelsunternehmen „Libri". 1953 führte er den Bücherwagendienst – Libri-Dienst – ein, der nach dem Zusammenbruch des zentralen Leipziger Buchhandelsstandorts Buchhändler in Westdeutschland täglich mit aus eigenem und Verlagslagern bestellten Büchern versorgte. Das Unternehmen „Libri" wurde nach seinem Tod am 4. März 1962 von seinen Söhnen weitergeführt. Georg Lingenbrink wurde auf dem Friedhof Ohlsdorf in Hamburg beigesetzt.

Rolf Mares wurde am 16. Juni 1930 geboren und war Intendant und Verwaltungsdirektor der Staatsoper und Staatstheater der Freien Hansestadt Hamburg, Hamburger Politiker (Parteilos) und Mitglied der Hamburgischen Bürgerschaft für die CDU. 1964 wurde er unter dem Intendanten Oscar Fritz Schuh zum Verwaltungsleiter an das Deutsche Schauspielhaus geholt. Der Hamburger Kultur-Senator Hans-Harder Biermann-Ratjen hatte ihn aus der Finanzbehörde herausgelöst und befördert. 1966 wechselte er an das Thalia Theater und übernahm während der Intendanzen von Kurt Raeck und Boy Gobert für sieben Jahre die Position des Verwaltungsdirektors und stellvertretenden Intendant.

Von 1974 bis 1988 war Rolf Mares Staatsoperndirektor, Geschäftsführender Direktor und stellvertretender Intendant der Hamburgischen Staatsoper. 1988 gründete Mares die „Komödie Winterhuder Fährhaus". Von 1988 bis 1999 leitete er als Intendant diese Komödie und entwickelte die Spielstätte zum bestbesuchten Privattheater in Deutschland. Er starb am 1. Mai 2002 und wurde auf dem Friedhof Ohlsdorf in Hamburg beigesetzt.

Achim-Helge Freiherr von Beust wurde am 16. März 1917 geboren und war ein Hamburger Politiker, Gründungsmitglied und Ehrenmitglied des dortigen CDU-Landesverbandes. Er studierte 1942 Rechtswissenschaft, als Rechtsreferendar gehörte er 1945 zu den Begründern der CDU Hamburg, für die er bei der Bürgerschaftswahl 1946 ein Mandat errang. 1950 trat er in den Hamburger Staatsdienst ein. Von 1954 bis 1980 war von Beust Bezirksamtsleiter von Hamburg-Wandsbek. Er starb am 7. Januar 2007 und wurde auf dem Friedhof Wohldorf-Ohlstedt in Hamburg beigesetzt.

Alfred Lichtwark wurde am 14. November 1852 geboren und war ein deutscher Kunsthistoriker, Museumsleiter und Kunstpädagoge in Hamburg. Er gehört zu den Begründern der Museumspädagogik und der Kunsterziehungsbewegung. Er war vom 3. Dezember 1886 an der erste Direktor der Hamburger Kunsthalle, deren Sammlung er systematisch ausbaute. Der heutige Bestand beruht noch wesentlich auf den von Lichtwark geschaffenen Grundlagen. Er sammelte einerseits gezielt Hamburgs mittelalterliche Kunst und erwarb andererseits Werke der deutschen Romantik und zeitgenössischer Künstler des ausgehenden 19. Jahrhundert. Er gilt als einer der Begründer der Museumspädagogik. Alfred Lichtwark blieb Direktor der Kunsthalle Hamburg bis zu seinem Tod am 13. Januar 1914. Er starb an den Folgen einer Magenkrebserkrankung und wurde auf dem „Althamburgischer Gedächtnisfriedhof" genannten Teil des Friedhof Ohlsdorf in Hamburg beerdigt. Dort erinnert diese Stele an ihn.

Adolf Woderich wurde am 27. April 1906 in Hamburg geboren und war ein deutscher Schriftsteller, Bühnenautor und Mundartdichter. Er bereiste zwischen 1928 und 1932 zu Fuß ganz Europa. Danach lebte und arbeitete er in seiner Geburtsstadt als freier Schriftsteller. Adolf Woderich war Autor verschiedener plattdeutscher Volksstücke.

Gemeinsam mit dem Schweriner Schriftsteller Hans Heinrich Leopoldi gab er 1955 unter dem Titel Bi uns to Huus Werke niederdeutscher Dichtung der Gegenwart heraus.

1957 wurde Adolf Woderich mit dem Freudenthal-Preis ausgezeichnet. Er starb 56-jährig am 28. März 1963 in einem Hamburger Krankenhaus. Seine letzte Ruhestätte fand er auf dem Hamburger Friedhof Ohlsdorf.

Adolf Neugebauer wurde am 28. April 1881 geboren und war ein deutscher Unternehmer und Fabrikdirektor. Neugebauer hatte seine Firma in Hamburg. Er starb am 16. März 1932 und wurde auf dem Friedhof Holstenkamp in Hamburg beigesetzt.

Adolph Tesdorpf wurde am 7. August 1811 in Hamburg geboren und war ein Hamburger Kaufmann und Senator. Er wurde 1843 Provisor des Waisenhauses, er war 1847 Mitglied des Armenkollegiums und wirkte 1849 als Handelsrichter. Im Jahr 1849 wurde Tesdorpf in die Hamburger Konstituante gewählt. Am 8. Juni November 1852 wurde Tesdorpf in den Hamburger Rat kooptiert. Im Rat wirkte er vor allem im Bereich Steuern. Er starb am 6. November 1887 und wurde auf dem Friedhof Ohlsdorf beigesetzt.

Adolph Woermann wurde am 10. Dezember 1847 in Hamburg geboren und war ein Hamburger Übersee-Kaufmann, Reeder und Politiker, der maßgeblich an der Einrichtung der deutschen Kolonien in Afrika beteiligt war. Adolph Woermann wurde zu seiner Zeit der größte deutsche Westafrikakaufmann und mit der Woermann-Linie der größte Privatreeder der Welt. Seit 1873 Teilhaber der Firma „C. WOERMANN", seit 1880 deren Chef. Neben seinem ursprünglichen Fokus auf den Handel mit Afrika begründete er auch die Reederei „Afrikanische Dampfschiffs AG", aus der später die „Woermann-Linie" und die „Deutsche Ostafrika Linie" hervorgingen. Von 1880 bis 1904 war er Mitglied der Hamburger Bürgerschaft, in der er sich der Fraktion der Rechten anschloss. Von 1884 bis 1890 wurde er für die Nationalliberale Partei als einer von drei Abgeordneten aus Hamburg in den Reichstag gewählt. 1890 wurde er in den neu gegründeten Kolonialrat berufen. Es handelt sich dabei um ein Beratungsgremium für koloniale Fragen, das die Grundzüge der deutschen Kolonialpolitik mitbestimmte. Adolph Woermann starb am 4. Mai 1911 und wurde in der Familiengrabstätte auf dem Friedhof Ohlsdorf in Hamburg beigesetzt.

Albert Steinrück wurde am 20. Mai 1872 geboren und war ein deutscher Theater- und Stummfilmschauspieler. Von 1908 bis 1920 war er am Hof- und Nationaltheater in München, wo er auch Regie führte und am Ende Schauspieldirektor war. Seit 1919 war Albert Steinrück ständig auch beim Film tätig. Gerne wurde er besetzt in den Rollen grausamer Väter. Seine letzte Hauptrolle hatte er 1929 in Joe Mays Asphalt. Steinrück starb am 10. Februar 1929 während der Probenarbeit zu Ehm Welks Schauspiel „Kreuzabnahme", in dem er – an der Volksbühne Berlin – den sterbenden Schriftsteller Leo Tolstoi spielen sollte. Albert Steinrück wurde auf dem Friedhof Zehlendorf in Berlin beigesetzt. Das Grab ist ein Ehrengrab der Stadt Berlin.

Peter Frankenfeld wurde am 31. Mai 1913 geboren und war ein Schauspieler, Sänger und bedeutender, die deutsche Radio- und Fernsehunterhaltung nachhaltig prägender Entertainer. Frankenfeld begann seine Karriere an Berliner Varietés und wurde in den 1950er Jahren durch das Radio in ganz Deutschland bekannt. Er schuf mit der Sendung „1:0 für Sie" die erste Spielshow im deutschen Fernsehen. In den 1960er Jahren sorgte er mit „Vergißmeinnicht" für die erfolgreichste Show des gerade erst gegründeten ZDF und hatte damit wesentlichen Anteil am Aufstieg dieser Sendeanstalt. Es folgte die Musikrevue „Musik ist Trumpf", die er bis zu seinem Lebensende mit großem Erfolg präsentierte. Während der gesamten Fernsehzeit blieb er auch dem Hörfunk treu und ging häufig auf Tournee. Er heiratete 1956 den damaligen Schauspiel- und Gesangsstar Lonny Kellner (Seite 176) und arbeitete anschließend mit ihr bis zu seinem Tod am 4. Januar 1979 zusammen. Er wurde auf dem Friedhof Wedel bestattet.

Kurt Sieveking wurde am 21. Februar 1897 in Hamburg geboren und war ein deutscher Politiker der CDU. Von 1953 bis 1957 amtierte er als Erster Bürgermeister der Freien und Hansestadt Hamburg. Am 1. Dezember 1945 wurde er von Bürgermeister Rudolf Petersen in das Amt des Senatssyndikus im Hamburger Rathaus berufen und war damit Leiter des Bürgermeisteramtes und Verbindungsperson zur britischen Militärregierung. Am 2. Dezember 1953 wurde Sieveking, als Nachfolger von Max Brauer (SPD) zum Ersten Bürgermeister von Hamburg gewählt. Der Bundesrat wählte am 20. Juli 1956 in Bonn Sieveking einstimmig zu seinem Präsidenten für das am 7. September beginnende Geschäftsjahr. Bedingt durch den Umstand, dass der zu seinem Nachfolger als Bundesratspräsident gewählte Regierende Bürgermeister von Berlin Otto Suhr eine Woche vor der Amtsübernahme verstarb, wurde Sieveking, abweichend vom Königsteiner Abkommen, am 6. September 1957 als Bundesratspräsident wiedergewählt.

Bei der Bürgerschaftswahl 1957 erlangte die SPD erneut die absolute Mehrheit, so dass Sievekings Vorgänger Max Brauer (Seite 50) auch sein Nachfolger wurde. Sieveking selbst war anschließend Mitglied der Hamburgischen Bürgerschaft. Er starb am 16. März 1986 und wurde auf dem Friedhof Ohlsdorf beigesetzt.

Albert Bozenhard wurde am 14. Februar 1860 geboren und war ein deutscher Schauspieler und Operettensänger (Bariton). Am 12. März 1877 debütierte er als Schüler in dem Stück „Faust. Eine Tragödie" am Württembergischen Hoftheater. Er hatte mit seinem Auftritt Erfolg beim Publikum und erhielt ein festes Engagement, während dessen er vor allem als „jugendlicher Liebhaber" auftrat. 1879 wechselte er an das Deutsche Hoftheater in Petersburg. Dort wirkte er nicht nur als Schauspieler, sondern auch als Operettensänger der Stimmlage Bariton. 1885 ging Bozenhard nach Hamburg und wurde Mitglied des Ensembles des „Thalia Theaters". Der vielseitige Schauspieler wurde dort sehr beliebt, insbesondere in den Jahren 1900 bis 1912 war er der wichtigste männliche Darsteller des „Thalia Theaters", wie es in einem Buch von Michael Hatry (1966) heißt. Albert Bozenhard starb am 13. Januar 1939 und wurde auf dem Friedhof Ohlsdorf in Hamburg beigesetzt.

Heinz Lanker wurde am 4. August 1916 geboren und war ein deutscher Schauspieler, Hörspielsprecher und Theaterregisseur. Heinz Lanker bekam sein erstes Engagement 1945 von Richard Ohnsorg. Im gleichnamigen „Ohnsorg-Theater" fühlte er sich schnell heimisch und erlangte als Charakter-Komiker alsbald große Popularität. Er wurde zum Volksschauspieler und war einer der meistbeschäftigten Darsteller des Hauses. Zudem führte er auch häufig Regie. Als der NDR anfing Aufführungen aus dem „Ohnsorg-Theater" bundesweit im Fernsehen zu übertragen, wurden Heinz Lanker und seine Kollegen schnell zu Publikumslieblingen. Zu den Hauptdarstellern gehörte er beispielsweise in der Komödie „Opa wird verkauft". Beim Hörfunk (NWDR, später NDR) war er häufig als Regisseur und Sprecher im Einsatz. Er starb am 11. August 1978 und wurde auf dem Friedhof Ohlsdorf beigesetzt.

Walter Scherau, bürgerlich Walter Voscherau wurde am 10. Januar 1903 in Hamburg geboren und war ein deutscher Volksschauspieler und Hörspielsprecher, der insbesondere durch seine Rollen am Hamburger „Ohnsorg-Theater" bekannt geworden ist; zeitweilig war er auch als Geschäftsführer des Theaters aktiv. Er wirkte weiterhin in drei deutschen Spielfilmen und einigen Fernsehproduktionen mit. Scherau war der Bruder Carl Voscheraus sowie Onkel des späteren Hamburger Bürgermeisters Henning Voscherau und dessen Bruders Eggert Voscherau. Er war in mindestens 16 Fernsehaufzeichnungen aus dem „Ohnsorg-Theater" zu sehen und gehörte mit Heidi Kabel (Seite 186), Otto Lüthje (Seite 125) und Henry Vahl (Seite 25) zu den Publikumslieblingen. Walter Scherau spielte mit seinem Bruder gemeinsam als Volksbühnenspieler. Den Künstlernamen „Scherau" nahm Walter Voscherau erst nach dem Zweiten Weltkrieg an, als beide Brüder sich hauptberuflich der Schauspielerei zuwandten. Beide spielten zunächst im „Ohnsorg-Theater", wo Walter Scherau bald dessen Kassierer (im Verein) und Verwaltungsdirektor (im Theater) wurde. Bekannt wurde Walter Scherau unter anderem in den Filmen „Nur eine Nacht" (1950), „Künstlerpech" (1954) und „Freddy, die Gitarre und das Meer" (1959). Walter Scherau starb im Alter von 59 Jahren an einem Herzinfarkt. Er wurde in seiner Heimatstadt Hamburg auf dem Friedhof Ohlsdorf in der so genannten „Dicher-Ecke" beigesetzt.

Uwe Dallmeier wurde am 27. August 1924 geboren und war ein deutscher Bühnen- und Filmschauspieler, der hauptsächlich durch das Fernsehen bekannt wurde. Im norddeutschen Raum galt er als Volksschauspieler. In den 1960er Jahren arbeitete er als Sprecher und Schauspieler beim Hessischen Rundfunk (HR). Er trat auch häufig am Hamburger „Ohnsorg-Theater" auf und war ab Mitte der 1960er in zahlreichen Fernsehauftritten zu sehen: Unter anderem in „Das Traumschiff", „Der Kommissar:", „Derrick" und „Tatort". Große Popularität erlangte er durch seine Mitwirkung in der Fernsehserie um das Küstenmotorschiff „Kümo Henriette". Uwe Dallmeier starb am 19. November 1985 in Westerland auf Sylt, auf dem dortigen Inselfriedhof in Keitum auf Sylt wurde er beigesetzt.

Friedrich Walther Blohm wurde am 25. Juli 1887 in Hamburg geboren und war ein deutscher Diplom-Ingenieur und Unternehmer, Leiter der Schiffswerft „Blohm & Voss" sowie Gründer und Leiter der „Hamburger Flugzeugbau GmbH". Walther Blohm war das zweite Kind des Maschinenbauingenieurs Hermann Blohm (Seite 138) und seiner Frau Emmi Alwine. Im Frühjahr 1914 beendete er sein Studium zum Maschinenbau erfolgreich mit der Prüfungsnote „gut" als Diplom-Ingenieur. Mit Ausbruch des Ersten Weltkrieges wurde er eingezogen und nach vier Jahren noch kurz vor Kriegsende für den Einsatz im U-Bootbauprogramm freigestellt. Nach Kriegsende übergab Vater Hermann Blohm die Firma an seine beiden Söhne. Die Auffassung der Brüder von Arbeit und Pflicht sowie ihr Unternehmergeist auf technischem und wirtschaftlichem Gebiet prägten die Werft. Walther Blohm stellte stets hohe Anforderungen an sich und seine Werftarbeiter: Pünktlichkeit, Fleiß und Pflichtbewusstsein standen im Vordergrund. Bis zum 50jährigen Bestehen im Jahre 1927 hatte die Werft „Blohm & Boss" 429 Handelsschiffe und Marinefahrzeuge gebaut, darunter allein 35 Schiffe für die HAPAG, 29 für die Hamburg-Süd, 22 für die Woermann-Linie und 20 für die Ostafrika-Linie. Außerdem lieferte bis zum Ende des Zweiten Weltkriegs das Unternehmen 238 U-Boote aus. Ab 1942 wurden auch U-Schnellboote gebaut. Die Krise im Schiffbau veranlasste Walther Blohm in den 1930er Jahren nach neuen Tätigkeitsfeldern zu suchen und sich intensiv mit der Zukunftsmöglichkeit des Luftverkehrs zu befassen. Blohm starb am 12. Juni 1963 in Lübeck-Travemünde und wurde in der Familiengrabstätte auf dem Hamburger Friedhof Ohlsdorf beigesetzt.

Ernst Otto Fuhrmann (besser bekannt unter E. O. Fuhrmann) wurde am 31. Dezember 1924 geboren und war ein deutscher Charakterschauspieler. Ende der 1950er Jahre wurde er am „Berliner Ensemble" als Papst in Brechts „Leben des Galilei" bekannt. In den 1960er Jahren spielte er an den Münchner Kammerspielen, in den 1970er Jahren am Deutschen Schauspielhaus in Hamburg. Beim Theater wie auch beim Film blieb Fuhrmann in der Regel auf die Darstellung von skurrilen Randfiguren beschränkt. Ernst Otto Fuhrmann starb einen Tag nach der Premiere einer Parodie der Operette Wiener Blut am Theater des Westens am 10. Juni 1986 in Berlin an Herzversagen. Er wurde auf dem Friedhof in Keitum auf Sylt beigesetzt. Dort erinnert ein weißer Grabstein in Form eines Kreuzes an den Schauspieler.

Helga Pilarczyk wurde am 12. März 1925 geboren und war eine deutsche Opernsängerin (Sopran). Pilarczyk sang in Hamburg fast alle wichtigen Fachpartien und entwickelte sich bald zu einer Spezialistin für die Moderne. Ihre Glanzrollen, mit denen sie auch international erfolgreich gastierte, waren insbesondere die Marie in dem Stück „Wozzeck" und die Titelrolle in „Lulu". Helga Pilarczyk starb am 15. September 2011 und wurde im „Garten der Frauen" auf dem Hamburger Ohlsdorfer Friedhof bestattet.

Peter Lühr wurde am 3. Mai 1906 geboren und war ein deutscher Schauspieler und Synchronsprecher. Peter Lühr nahm Schauspielunterricht in Hamburg, es folgten verschiedene Engagements in Dessau, Kassel, Düsseldorf und Leipzig. Ab 1947 gehörte Lühr dem Ensemble der Münchner Kammerspiele an. Er selbst gab auch Schauspielunterricht und führte Regie, seine Leidenschaft galt jedoch der Schauspielkunst. Als Synchronsprecher lieh er unter anderem Michael Gough (in „Königsliebe") und Laurence Olivier (in „Hamlet") seine Stimme. Oftmals war er auch in Fernsehinszenierungen und Filmen zu sehen. Lühr starb am 15. März 1988 im Alter von 81 Jahren. Seine Grabstätte befindet sich auf dem Friedhof der Kirche St. Severin (Keitum) auf Sylt.

Franz Albert Bach wurde am 3. Juni 1865 geboren und war ein deutscher Architekt und Grundstücksentwickler. Bach entstammte einer bäuerlichen Familie und erlernte zunächst den handwerklichen Beruf des Maurers, absolvierte danach die Sächsische Staatsbauschule in Leipzig, eine Baugewerkschule. Nach der Geburt seines Sohnes Max beschloss die Familie die Auswanderung nach Amerika, Jahre später zog es sie nach Hamburg. In der Hansestadt erkannte Bach den dort anstehenden Bauboom und die daraus resultierenden Möglichkeiten. Er arbeitete zunächst für verschiedene Kontorhausarchitekten. 1891 wurde Bach Hamburger Bürger und machte sich als Architekt selbstständig. Als Architekt und Projektentwickler führte er bald Bauten von der Projektierung bis zur Vermietung durch und baute vielfach für eigene Rechnung. Er konzentrierte sich nach der Choleraepidemie von 1892 auf das ehemalige Gängeviertel der Nördlichen Altstadt und gilt als einer der Väter der Mönckebergstraße. Noch heute befinden sich einzelne seiner Kontorhäuser im Besitz seiner Nachfahren. Sein Sohn Max Bach wurde ebenfalls Architekt in Hamburg und führte die Geschäfte des Vaters fort („Gutruf-Haus", diverse Bauten im Kontorhausviertel). Franz Albert Bach starb am 16. Oktober 1935 und wurde auf dem Friedhof Ohlsdorf beigesetzt. Das Grabmal ist eine Familiengrabstätte und wurde von dem Bildhauer Richard Kuöhl gestaltet.

Edgar Ott wurde am 2. Juli 1929 geboren und war ein deutscher Schauspieler, Hörspielsprecher und Synchronsprecher. Von 1975 bis 1979 spielte Ott in 39 Folgen der Fernseh-Krimiserie „Kommissariat 9" eine der Hauptrollen. Im Synchronstudio versah Ott ausländische Kollegen wie Telly Savalas, Bill Cosby und beispielsweise Gordon Jackson mit seiner deutschen Stimme. Auch beliebte Zeichentrickfiguren in verschiedenen Walt-Disney-Filmen sind mit seiner Stimme versehen. Eine seiner bekanntesten Hörspielrollen war die des Benjamin Blümchen, die er von 1977 bis zu seinem Tod spielte. Auch in einigen Benjamin-Blümchen-Trickfilmen sprach er die Rolle. Er starb am 13. Februar 1994 , seine letzte Ruhestätte fand er auf dem Friedhof der Inselkirche St. Severin in Keitum auf Sylt.

Ferdinand Franz Wallraf wurde am 20. Juli 1748 in Köln geboren und war ein deutscher Botaniker, Mathematiker, Theologe, Priester und bedeutender Kunstsammler. 1809 wurde Ferdinand Franz Wallraf mit der Gestaltung des neuen Melaten-Friedhofes in Köln beauftragt. Seine Pläne beschrieb er in der 1809 erschienenen Schrift „Über den neuen Stadtkölnischen Kirchhof zu Melaten". Von Anfang an plante er den Friedhof auch als Erholungsstätte und als öffentliche Grünanlage. Ferdinand Franz Wallraf verstarb am 18. März 1824 und wurde auf dem Kölner Friedhof Melaten beigesetzt. Er vermachte seine umfangreiche Kunstsammlung der Stadt Köln.

Fritz Joachim Raddatz wurde am 3. September 1931 geboren und war ein deutscher Feuilletonist, Essayist, Biograph und Romancier. Als Zwanzigjähriger schrieb Raddatz für die Berliner Zeitung. 1960 wurde er Cheflektor und stellvertretender Verlagsleiter des Rowohlt Verlags (Reinbek). Ab 1976 war er Leiter des Feuilletons der Wochenzeitung „Die Zeit". Raddatz galt als einer der einflussreichsten deutschen Literaturkritiker. Neben seiner journalistischen Arbeit legte er eine Vielzahl von Essays, Romanen und Biografien vor. Sill und dezent ging es für Raddatz in die Schweiz (in den Ort Pfäffikon). Dort nahm sich im Alter von 83 Jahren mithilfe des Vereins „Dignitas" durch die Einnahme eines tödlich wirkenden Barbiturats am 26. Februar 2015 das Leben. Seinem letzten Wunsch entsprechend befindet sich seine Grabstätte in Keitum auf Sylt. Auf dem dortigen Friedhof hatte er seinen Grabstein berits an seinem 70. Geburtstag hinterlegt.

Gisela von Collande wurde am 5. Februar 1915 geboren und war eine deutsche Theater- und Filmschauspielerin. Ihre künstlerische Ausbildung erhielt sie an der Schauspielschule des Deutschen Theaters in Berlin. 1932 wurde sie an die Volksbühne Berlin verpflichtet. Danach gehörte sie mehrere Jahre lang zum Ensemble des Deutschen Theaters, wo sie in zahlreichen Klassikern Hauptrollen übernahm. Nach dem Zweiten Weltkrieg setzte sie ihre Bühnenlaufbahn fort und spielte am Thalia-Theater in Hamburg sowie in Wuppertal, Berlin und Frankfurt am Main. Sie wurde auch in zahlreichen Kinofilmen eingesetzt, blieb dort jedoch meist auf die Mitwirkung in Nebenrollen beschränkt. Ihr Filmdebüt gab sie mit „Marie, die Magd". Es folgten Auftritte in „Der zerbrochene Krug", „Jugend" und „Der Schritt vom Wege". Zu sehen war sie auch in den Filmen „Skandal um den Hahn" (1938), „Die Brüder" (1958) oder beispielsweise „Die Ratten" (1959). Gisela von Collande starb im Alter von 45 Jahren bei einem Verkehrsunfall auf der A 8 zwischen Pforzheim und Karlsruhe. Ihr Grab befindet sich auf dem Ohlsdorfer Friedhof in Hamburg neben dem Grab ihres Mannes und Schauspielers Josef Dahmen (Seite 166).

Gerhard Schröder wurde am 11. September 1910 geboren und war ein deutscher Politiker (CDU) und Rechtsanwalt. Der Jurist war von 1953 bis 1961 Bundesminister des Innern, von 1961 bis 1966 Bundesminister des Auswärtigen und von 1966 bis 1969 Bundesminister der Verteidigung. Schröder galt als dynamisch und kompetent, aber distanziert. Als Außenminister prägte er insbesondere die Ostpolitik und die Partnerschaft der Bundesrepublik Deutschland zu den USA und Großbritannien (Westintegration). Bei der Wahl des deutschen Bundespräsidenten 1969 unterlag er mit dem bisher knappsten Ergebnis einer Bundesversammlung dem SPD-Kandidaten Gustav Heinemann. Schröder starb am 31. Dezember 1989 in seinem Haus im Kampen auf Sylt. Nach seinem Tode ehrte ihn der Deutsche Bundestag am 12. Januar 1990 mit einem Staatsakt. Gerhard Schröder wurde auf dem Friedhof der Inselkirche St. Severin in Keitum auf Sylt beigesetzt.

Friedel Hensch wurde am 7. Juli 1906 geboren und war eine deutsche Sängerin. Sie feierte bereits vor dem Zweiten Weltkrieg Erfolge als Sängerin. Sie starb am 31. Dezember 1990 und wurde auf dem Neuen Niendorfer Friedhof in Hamburg bestattet.

Werner Cyprys wurde am 19. April 1922 geboren und war ein deutscher Sänger, Komponist, Liedtexter und Musikproduzent. Er startete seine Karriere im „Trichter" auf der Hamburger Reeperbahn. Cypres war Gründer und Mitglied der Musikgruppe „Friedel Hensch und die Cyprys" und trat unter dem Pseudonym Jack Terry auch als Solo-Interpret in Erscheinung. Als Musikproduzent bei der Plattenfirma „Polydor" arbeitete Cyprys unter anderem für das Gesangsduo „Tom und Tommy". Später war er als Chefproduzent des Plattenlabels der „BASF" tätig und Mitarbeiter der GEMA. In den 1950er und 1960er Jahren komponierte, arrangierte oder interpretierte er im Terzett mit seiner Frau als „Friedel Hensch und die Cyprys" (siehe oben) Schlager wie „Über's Jahr, wenn die Kornblumen blühen", „Solang' die Sterne glüh'n", „Was kann schöner sein", „Ach Egon, Egon, Egon". Werner Cyprys wurde auf dem Neuen Niendorfer Friedhof in Hamburg bestattet.

Peter Suhrkamp wurde am 28. März 1891 geboren und war ein deutscher Verleger und Gründer des Suhrkamp Verlags. Nach dem Krieg studierte Suhrkamp Germanistik in Heidelberg, Frankfurt am Main und München. Nebenbei arbeitete er als Lehrer. 1921 wurde er an das Hessische Landestheater in Darmstadt als Dramaturg und Regisseur berufen. Nachdem er 1929 nach Berlin gegangen war, arbeitete er als Redakteur beim „Berliner Tagblatt" und im „Ullstein-Verlag". 1950 gündete er in Frankfurt am Main den Suhrkamp Verlag, den er zu dem führenden belletristischen Verlag der Bundesrepublik, für den er bedeutende Autoren gewann, machte. 1956 bekam Suhrkamp das Verdienstkreuz 1. Klasse der Bundesrepublik Deutschland verliehen. Peter Suhrkamp starb am 31. März 1959 im Frankfurter Universitätsklinikum, wenige Tage nach seinem 68. Geburtstag, er auf dem Friedhof der Inselkirche St. Severin in Keitum auf Sylt beigesetzt.

Lonny Kellner-Frankenfeld wurde am 8. März 1930 und war eine der bedeutendsten deutschen Schauspielerinnen und Schlagersängerinnen der 1950er-Jahre. Sie schlug eine Karriere in den Vereinigten Staaten aus, um 1956 den Entertainer Peter Frankenfeld (Seite 158) zu heiraten und neben der eigenen Karriere mit ihm bis zu dessen Tod 1979 zusammenzuarbeiten. Sie debütierte mit ihren Schalgerliedern „Wenn ich Dich seh', dann fange ich zu träumen an" und „Gib mir einen Kuss durchs Telefon". Ihre ersten großen Hits „Im Hafen von Adano" und „La-Le-Lu" sang sie im Duett mit René Carol. 1952 hatte Kellner ihren ersten Filmauftritt als Schlagersängerin mit dem Song „Manhattan-Boogie" in „Königin der Arena". Nach Frankenfelds unerwartetem Tod 1979 arbeitete Kellner-Frankenfeld wieder als Schauspielerin. So stand sie in 39 Folgen der Familienserie „Unsere Hagenbecks" vor der Kamera und war in Gastspielen in der TV-Serie „Das Traumschiff" zu sehen. Ihre letzte Fernsehrolle hatte sie 2001 in einer Folge des „Großstadtreviers". Sie starb am 22. Januar 2003 und wurde neben ihrem Mann auf dem Friedhof Wedel bestattet.

Fritz Wichert wurde laut Deutscher Biographischen Enzyklopädie (DBE, Band 10, 1999, Darmstadt) als Friedrich Karl Adolf Wichert am 22. August 1878 geboren und war ein deutscher Kunsthistoriker. Er war Direktor der Mannheimer Kunsthalle sowie der Frankfurter Städelschule und wirkte auch am neuen Frankfurt mit. Er studierte Philosophie und Kunstgeschichte in Basel, Berlin und Freiburg. Er war ein Schüler des Kunsthistorikers Heinrich Wölfflin und arbeitete auch im Kunstreferat der Frankfurter Zeitung. 1907 promovierte er in Freiburg und war anschließend am Städelschen Kunstinstitut in Frankfurt tätig. Bereits 1909 wurde er Direktor der Kunsthalle in Mannheim, wo er die Sammlung um Gemälde des 19. Jahrhunderts mit Schwerpunkt auf der französischen Moderne erweiterte. Er starb am 24. Januar 1951 und wurde auf dem Friedhof von St. Severin in Keitum auf Sylt beerdigt.

Uwe Arkuszewski wurde am 1. Februar 1962 geboren und war ein deutscher Moderator, Sänger und Entertainer. Mit 23 Jahren begann Uwe Arkuszewskis Karriere beim Radio als Moderator von Radio Schleswig-Holstein (R.SH), wo er unter anderem die Sendungen „RSH dreht auf" und „RSH Grand Prix", sowie die „Nordparade" moderierte. Unter dem Küsntlernamen T.Ark veröffentlichte Arkuszewski fünf Singles. Mit dem Dance-Song „How old are you" war er 17 Wochen in der Hörerhitparade „Nordparade" selbst vertreten. 1991 hatte er mit „da music" eine neue Schallplattenfirma, mit der er den von Dieter Bohlen komponierten Titel „Carry Me" veröffentlichte.

1992 wechselte Arkuszewski als Musikchef und stellvertretender Programmdirektor zum Radiosender „Delta Radio" und gab Starthilfe beim Aufbau des Kieler Senders. Er moderierte dort den „Delta-Akku". 1995 folgte der Wechsel zum „NordOstseeRadio", das später in Radio Nora umbenannt wurde. Arkuszewski moderierte sechs Sendungen pro Woche, darunter die Hitparade, trainierte Moderatoren und war sowohl Station-Voice als auch Produzent. Seit 1999 moderierte Arkuszewski bei der NDR 1 Welle Nord. Er stand auch für Außenveranstaltungen auf der Bühne. Arkuszewski verstarb 42-jährig am 11. November 2004 an plötzlichem Herzversagen und wurde beigesetzt auf dem Evangelischen Friedhof Garstedt in Norderstedt bei Hamburg.

Richard Dehmel wurde am 18. November 1863 geboren und war ein deutscher Dichter und Schriftsteller. Im Jahr 1889 heiratete Dehmel die Märchendichterin Paula Oppenheimer, mit der zusammen er auch Kinderbücher verfasste. Seine ersten Gedichtbände „Erlösungen" (1891) und „Aber die Liebe" (1893) erschienen. 1894 war er Mitbegründer der Zeitschrift „PAN". Dehmel galt in der Zeit vor dem Ersten Weltkrieg als einer der bedeutendsten deutschsprachigen Lyriker. Nach der Scheidung von seiner ersten Frau Paula 1899 unternahm Dehmel mit Ida Auerbach (später Ida Dehmel, Seite 220) weite Reisen durch Europa. 1901 heiratete er sie. Richard Dehmel starb am 8. Februar 1920. Seine letzte Ruhestätte fand er in seinem ehemaligen Wohnhaus, wie die „Ohlsdorf – Zeitschrift für Trauerkultur" im Artikel „Urne im Haus – Die Ruhestätte von Richard und Ida Dehmel" berichtet.

Ernst Bader wurde am 7. Juni 1914 geboren und war ein deutscher Schauspieler, Liedtexter und Komponist. Neben seinem Studium zum Schauspieler arbeitete er als Pianist, spielte Theater und trat als Kabarettist in mehreren Varietés auf. In dieser Zeit entstanden auch seine ersten Liedtexte. Im Jahr 1936 legte er sein Schauspielerexamen ab und wurde anschließend Zeitsoldat bei der Wehrmacht. Nach einer Verwundung im Zweiten Weltkrieg wurde er nach seiner Genesung als Schauspieler engagiert und wirkte in einigen Filmen mit, die der Nazi-Propaganda dienten und von denen er sich später distanzierte. In den 1950er, 1960er und 1970er Jahren waren widmete er sich hauptsächlich dem Schlager. Einen seiner ersten Texte schrieb er 1951 für „Friedel Hensch und die Cyprys" (Seite 174, „Über's Jahr, wenn die Kornblumen blühen"). Mit Freddy Quinns Debüttitel „Heimweh" kam Bader 1956 zu seinem ersten Nummer-eins-Text. 1966 schrieb er für Freddy Quinn mit „Hundert Mann und ein Befehl" eine weitere Nummer eins. Ernst Bader starb am 10. August 1999 und wurde auf dem Friedhof Garstedt in Norderstedt beigesetzt.

Axel von Ambesser wurde am 22. Juni 1910 geboren und war einer der bekanntesten deutschen Schauspieler, Filmregisseure und Autoren der Nachkriegszeit. Nach dem Zweiten Weltkrieg arbeitete Axel von Ambesser zunehmend als Autor für Bühne, Film und Fernsehen und das Nachkriegskabarett „Die Schaubude" in München. In späteren Jahren war Ambesser auch häufig im Fernsehen zu sehen, unter anderem in „Begegnung im Herbst", „Omelette surprise", „Alte Sünden rosten nicht" und im „Tatort" (Folge „Annoncen-Mord"). Kurz vor seinem Tod trat er 1988 für die Schwarzwaldklinik als „Landesgerichtsrat Eckner" in der Folge „Der alte Herr" noch einmal vor die Kamera. Er starb am 6. September 1988 und wurde auf dem Alten Niendorfer Friedhof in Hamburg beigesetzt.

Martin Garlieb Amsinck wurde am 23. September 1831 geboren und war ein deutscher Schiffbauer und Reeder. 1856 eröffnete er in Hamburg auf dem Kleinen Grasbrook eine Werft zum Bau von Segelschiffen. Bis 1878 baute er vorwiegend Barken in Größen bis 1.000 Registertonnen. Martin Garlieb Amsinck wurde 1883 in den Verwaltungsrat der Hamburg Süd gewählt, gehörte von 1877 bis 1886 der Bürgerschaft und ab 1882 der Deputation für Handel und Schiffahrt an. Martin Garlieb Amsinck starb am 10. April 1905 und wurde auf dem Alten Niendorfer Friedhof in Hamburg begraben.

Franz Rudnick wurde am 13. Oktober 1931 geboren und war ein deutscher Schauspieler und Synchronsprecher. Rudnick besuchte die Schauspielschule des Deutschen Theaters in Berlin, gab sein Debüt am Theater von Halberstadt. Engagements führten ihn nach Schwerin, Dresden, Magdeburg und an die Tribüne in Berlin. Von dort ging er 1972 an das Deutsche Schauspielhaus in Hamburg und wechselte 1977 an die Münchner Kammerspiele. Als Synchronsprecher lieh er vielen bekannten Schauspielern seine Stimme, zum Beispiel James Cromwell, Christopher Plummer und Martin Landau. Seine bekannteste Synchronrolle ist der Gunnery Sergeant Hartman im Film „Full Metal Jacket". Er starb am 13. Oktober 2005, am Tag seines 74. Geburtstages, nach längerer Krankheit in einem Münchener Krankenhaus. Franz Rudnick wurde auf dem Nienstedtener Friedhof in Hamburg bestattet.

Otto Altvater wurde am 20. Juli 1928 geboren und war ein deutscher Komponist. Er hat zahlreiche Buchmanuskripte (zum Teil unveröffentlicht) zu Lehrwerken für die Gitarre herausgegeben. Er strab am 2. September 1990 und wurde auf dem Friedhof Ohlsdorf in Hamburg beigesetzt. Dort erinnert ein weißer Grabstein mit einer Gitarre an den Komponisten und Musiker.

Otto Linne wurde am 2. Dezember 1869 geboren und war ein deutscher Garten- und Landschaftsarchitekt. Er war Gartendirektor in Erfurt (1899–1908), Essen (1908–1913) und Hamburg (1914–1933) und gilt als bedeutender Gartenreformer des frühen 20. Jahrhunderts. 1919 wurde ihm die Leitung des damaligen Hamburger Hauptfriedhofs Ohlsdorf (heute Friedhof Ohlsdorf) übertragen. Der östliche Erweiterungsteil des Friedhofes („Linne-Teil") wurde ab 1919 von ihm geplant. Er starb am 4. Juni 1937 in Hamburg und wurde auf dem dortigen Friedhof Ohlsdorf beigesetzt.

Henny Wolff wurde am 3. Februar 1896 geboren und war eine deutsche Konzertsängerin (Sopran) und Gesangspädagogin. Ihr erster öffentlicher Auftritt erfolgte im Jahre 1912 bei einem Konzert in Köln in der Veranstaltungshalle „Gürzenich". Henny Wolff erwarb sich insbesondere als Interpretin der Oratorien von Johann Sebastian Bach und Georg Friedrich Händel und der Liedkompositionen von Johannes Brahms internationalen Ruf. Nach dem Zweiten Weltkrieg zog sie nach Hamburg, wo sie von 1950 bis 1964 die Klasse für Sologesang an der 1950 gegründeten Staatliche Hochschule für Musik leitete und 1952 Professorin wurde. Henny Wolff starb am 29. Januar 1965 in Hamburg und wurde auf dem Hauptfriedhof Ohlsdorf beigesetzt. Nach Ablauf ihrer Grabstätte befindet sich nun ihr Grabstein im „Garten der Frauen" auf dem Ohlsdorfer Friedhof in Hamburg.

Heidi Kabel wurde am 27. August 1914 geboren und war eine deutsche Volksschauspielerin, Hörspielsprecherin und Sängerin. Sie war über 66 Jahre auf der Bühne des Hamburger „Ohnsorg-Theaters" zu sehen. Ihre Schauspielkarriere umfasst insgesamt 75 Jahre. 1937 heiratete sie ihren Kollegen Hans Mahler (Seite 218). Heidi Kabel ist auch als Sängerin bekannt geworden. Sie nahm einige Schallplatten mit meist Hamburger Liedern auf. Die bekanntesten sind „Hammonia – Mein Hamburg, ich liebe dich", „In Hamburg sagt man Tschüß" und „An de Eck steiht'n Jung mit'n Trudelband". Sie starb im Alter von 95 Jahren an Altersschwäche am 15. Juni 2010 und wurde auf dem Nienstedtener Friedhof in Hamburg neben ihrem Ehemann beigesetzt.

Monica Bleibtreu wurde am 4. Mai 1944 geboren und war eine österreichische Schauspielerin, Schauspieldozentin und Drehbuchautorin. Ihre erste Fernseharbeit war 1972 die Rolle einer Ausbrecherin aus einer Fürsorgeanstalt in der Fernsehserie „Der Kommissar" (Folge 51, „Fluchtwege"). Für diese schauspielerische Leistung wurde sie 1972 mit der Goldenen Kamera ausgezeichnet. Von 1993 bis 1998 war Monica Bleibtreu Professorin für Schauspiel an der Hochschule für Musik und Theater Hamburg. In der Hansestadt hatte sie auch ihren Lebensmittelpunkt, sie lebte in einem Mehrfamilienhaus in einem Innenhof im Stadtteil St. Georg. Im Mai 2007 wurde sie mit dem Deutschen Filmpreis in der Kategorie „Beste Schauspielerin" für ihre Verkörperung der Traude Krüger in dem Spielfilm „4 Minuten" ausgezeichnet. Monica Bleibtreu starb am 13. Mai 2009 nach langer Lungenkrebs-Erkrankung in Hamburg. Sie wurde auf dem Friedhof Ohlsdorf beigesetzt. Dort erinnert dieses Holzkreuz an die beliebte Schauspielerin.

Mirko Szewczuk wurde am 20. September 1919 in Wien geboren und war ein deutscher Karikaturist österreichischer Herkunft. Von 1926 bis 1938 besuchte er in Wien die Volksschule und das Realgymnasium. Im Alter von 20 Jahren wurde er 1939 Soldat und blieb dies bis zum Ende des Zweiten Weltkriegs. Im Jahre 1941 erhielt er eine Ausbildung als Pressezeichner bei einer Propagandakompanie der Wehrmacht, legte 1942 die Schriftleiterprüfung und eine Prüfung als Pressezeichner ab und arbeitete für die Karikaturenagentur „Die politische Zeichnung – Interpress". Nach dem Krieg studierte er von 1946 bis 1949 an der Landeskunstschule Hamburg und wurde von der Wochenzeitung „Die Zeit" als Karikaturist angestellt. Von 1949 bis 1957 war Szewczuk Karikaturist der Tageszeitung „Die Welt". Es folgte eine Tätigkeit von 1952 bis zu seinem Tod 1957 als Fernsehkarikaturist beim NWDR und später des NDR in Hamburg. Er starb am 31. Mai 1957 und wurde auf dem Nienstedtener Friedhof in seiner Heimatstadt Hamburg bestattet.

Hermann Fürchtegott Reemtsma wurde am 29. Oktober 1892 geboren und war ein deutscher Unternehmer, Fabrikant und Mäzen. Gemeinsam mit seinem Bruder Philip wurde er 1917 Mitinhaber des Unternehmens seines Vaters (Zigarrenfabrikant) und führte dort erste maschinelle Methoden zur Fertigung von Tabakwaren ein. Reemtsma starb am 18. Juni 1961 überraschend ein Jahr nach dem Tod seines Bruders Philipp und wurde auf dem Nienstedtener Friedhof beigesetzt.

Ekkehard „Ekki" Göpelt wurde am 1. Januar 1945 geboren und war ein deutscher Schlagersänger und Rundfunkmoderator. In der DDR arbeitete er zunächst als Lehrer für Deutsch und Musik und trat parallel dazu öffentlich erstmals 1969 in der Fernsehsendung „Herzklopfen kostenlos" bei Heinz Quermann auf. Seit den 1970er Jahren nahm Ekki Göpelt Titel für den Rundfunk auf. Seine erste Langspielplatte „Ich bleib am Ball" erschien 1988 bei „Amiga". Beim Ostdeutschen Rundfunk Brandenburg (ORB, später Rundfunk Berlin Brandenburg (RBB)) moderierte er die Sendung „Glückwunschantenne", bis diese einer anderen Sendung weichen musste. Göpelt moderierte 14 Jahre lang für die RBB-Welle „Antenne Brandenburg" seine eigene sonntägliche Sendung „Sonntagsvergnügen". Am 1. September 2008 gab er den Startschuss für den bundesweiten Schlager- und Volksmusiksender „Radio Paloma", bei dem er von Montag bis Freitag die Sendung „Mehr Spaß bei der Arbeit" und sonnabends „Mehr Spaß am Wochenende" moderierte. Er tourte außerdem mit dem Moderator, Schauspieler und Texter Michael Niekammer durch agnz Deustchland. Weiterhin wurde er mehrfach von Oliver Kalkofe parodiert, unter anderem mit seinen Titel „Tapatoo" sowie für seine Moderation der „Superwirtparade".
Zuletzt arbeitete Ekki Göpelt beim Radiosender „Radio B2" in Berlin. Er starb am 25. Februar 2016 auf der Intensivstation eines Krankenhauses in Berlin-Marzahn an Organversagen. Am 18. März 2016 wurde Ekki Göpelt auf dem Auferstehungs-Friedhof in Berlin-Weißensee beigesetzt.

Carlheinz Hollmann wurde am 1. Dezember 1930 geboren und war ein deutscher Fernsehmoderator und auch Rundfunkmoderato.

Er begann seine Laufbahn am 1. Februar 1952 beim Nordwestdeutschen Rundfunk (NWDR) als Reporter. Ab 1957 war er im Reporterteam der Sendung „Die Aktuelle Schaubude" und trat 1961 dort die Nachfolge von Werner Baecker als Moderator an. Er leitete die Sendung bis 1964. Später arbeitete er für die Sendung „Hamburger Journal" des NDR, die Sendung „Schaufenster Deutschland" des ZDF, sowie für RTL („Klartext") und in freier Mitarbeit den Fernsehregionalsender Hamburg 1. 1964 gründete Hollmann seine eigene Produktionsfirma. Mit ihr organisierte er viele Großveranstaltungen wie zum Beispiel den Hamburger Hafengeburtstag, das Alstervergnügen und die Millenniumsfeier in Hamburg zum 2000er Jahreswechsel. Hollmann war Träger des Bundesverdienstkreuzes am Bande und seit 1958 mit der ehemaligen Miss Germany Gerti Daub verheiratet. Carlheinz Hollmann erlag 2004 im Alter von 73 Jahren einem Krebsleiden. Er wurde auf dem Nienstedtener Friedhof in Hamburg bestattet.

Bernhard von Bülow wurde am 3. Mai 1849 geboren und war ein deutscher Politiker und Staatsmann. Seit 1897 war er Staatssekretär (Minister) des Äußeren und von Oktober 1900 bis Juli 1909 Reichskanzler des Deutschen Kaiserreichs. Ein wichtiges Ziel von Bülows war der Bau von Eisenbahnen wie der Bagdadbahn und die Realisierung von Eisenbahn-Projekten in den afrikanischen Kolonien. 1914 wurde von Bülow angesichts der sich dramatisch zuspitzenden außenpolitischen Lage Sonderbotschafter in Rom (1914–1915), mit dem Auftrag, Italien zu einem Verbleib im Dreibund zu bewegen. Nach Kriegsende lebte Bülow in Rom von einer auf Lebenszeit ausgesetzten Rente in der Villa Malta. Bezahlt wurde sie vom „Ullstein Verlag" als Honorar für die Überlassung seiner Denkwürdigkeiten, die der Verlag aber erst nach dem Tode Bülows veröffentlichen durfte Seit 1899 war er Graf, seit 1905 Fürst. In Rom verstarben am 26. Januar 1929 seine Frau Maria Anna Zoe Rosalie Fürstin von Bülow und er selbst am 28. Oktober 1929. Beide wurden nebeneinander auf dem Nienstedtener Friedhof in Hamburg-Nienstedten beigesetzt.

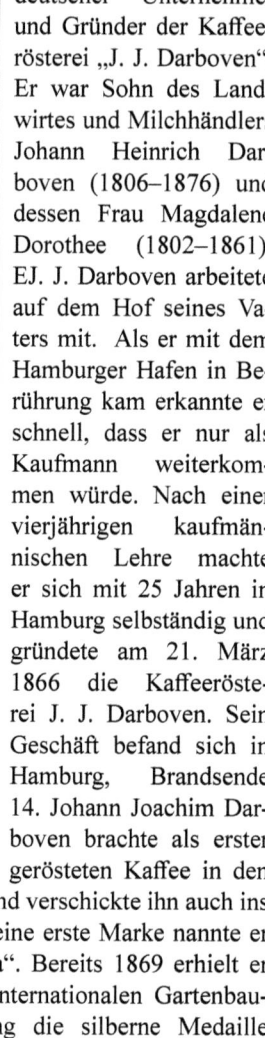

Johann Joachim Darboven wurde am 7. April 1841 geboren und war ein deutscher Unternehmer und Gründer der Kaffeerösterei „J. J. Darboven". Er war Sohn des Landwirtes und Milchhändlers Johann Heinrich Darboven (1806–1876) und dessen Frau Magdalene Dorothee (1802–1861). EJ. J. Darboven arbeitete auf dem Hof seines Vaters mit. Als er mit dem Hamburger Hafen in Berührung kam erkannte er schnell, dass er nur als Kaufmann weiterkommen würde. Nach einer vierjährigen kaufmännischen Lehre machte er sich mit 25 Jahren in Hamburg selbständig und gründete am 21. März 1866 die Kaffeerösterei J. J. Darboven. Sein Geschäft befand sich in Hamburg, Brandsende 14. Johann Joachim Darboven brachte als erster gerösteten Kaffee in den Handel und verschickte ihn auch ins Inland; seine erste Marke nannte er „Gourvita". Bereits 1869 erhielt er auf der internationalen Gartenbauausstellung die silberne Medaille für seine 144 verschiedenen Kaffeesorten. Er verstarb am 18. Februar 1909, das Unternehmen befindet sich noch heute im Familienbesitz und wird von Albert Darboven geleitet. Seine Grabstätte und die seiner Söhne befindet sich auf dem Nienstedtener Friedhof in Hamburg.

Konrad Georg wurde am 25. Dezember 1914 geboren und war ein deutscher Theater-, Film- und Fernsehschauspieler. Große Popularität erlangte Georg in Deutschland als bundesdeutscher Serienermittler „Kommissar Freytag" in der gleichnamigen Krimireihe. Bekannt wurde er auch als Charles Ross, dem Leiter einer nicht näher bezeichneten Regierungsbehörde in den beiden Straßenfegern „Tim Frazer" (1963) und „Tim Frazer – Der Fall Salinger" (1964), die nach Drehbüchern des britischen Autors Francis Durbridge entstanden sind. Die Titelrolle verkörperte jeweils Max Eckard. Er starb am 8. September 1987 an Lungenkrebs und wurde auf dem Nienstedtener Friedhof in Hamburg bestattet.

Roger Cicero wurde am 6. Juli 1970 geboren und war ein deutscher Pop- und Jazzmusiker. Von 1991 bis 1996 studierte er Jazzgesang in Hilversum. In der Folgezeit wurde er Gastsänger bei den Gruppen „Jazzkantine" und „Soulounge", mit denen er 2003 beim Montreux Jazz Festival teilnahm. 2003 gründete er das Roger-Cicero-Quartett. Danach trat er mit einer elfköpfigen Bigband auf. Stilistisch bediente er sich bei der Swingmusik der 1940er und 1950er Jahre und kombinierte sie mit deutschen Texten. Am 8. März 2007 gewann er bei der deutschen Vorentscheidung zum Eurovision Song Contest 2007 mit dem Song „Frauen regier'n die Welt". Mit dem Titel vertrat er Deutschland beim Eurovision Song Contest 2007 am 12. Mai in Helsinki. Im Finale belegte er den 19. von 24 Plätzen mit insgesamt 49 Punkten. Vom Frauenmagazin Emma wurde er für den Song mit dem Negativpreis „Pascha des Monats" bedacht. 2008 erhielt Cicero seine erste Filmrolle. Im Film „Hilde" spielte er an der Seite von Heike Makatsch den Musiker Ricci Blum. Außerdem hatte er Gastauftritte unter anderem im „Großstadtrevier". Roger Cicero starb am 24. März 2016 im Alter von 45 Jahren. Cicero wohnte über zehn Jahre im Hamburger Stadtteil Winterhude und wurde im Ruhewald des Ohlsdorfer Friedhofs in seiner Heimatstadt beigesetzt. Ein kleines Namensschild auf einem Stein weist auf ihn hin.

Lotar Olias wurde am 23. Dezember 1913 geboren und war ein deutscher Komponist und Textdichter der 1920er bis 1960er Jahre, der oft in Partnerschaft mit den Textdichtern Peter Moesser und Günter Loose zusammenarbeitete. 1949 gelang ihm dann der Durchbruch zum gefragten Schlager- und Filmmusikkomponisten. Er schrieb neben Schlagern und Musicals Filmmusiken zu über 40 Filmen der 1950er und 1960er Jahre. Besonders die von Freddy Quinn gesungenen Titel wurden zu großen Publikumserfolgen und gelten heute als Evergreens. Olias komponierte bis 1964 auch regelmäßig die Musik zu den Filmen, in denen Quinn als Hauptdarsteller zu sehen war. er strab am 21. Oktober 1990, Olias ruht auf dem Friedhof Ohlsdorf.

Friedhelm Mönter wurde am 22. November 1946 geboren und war ein deutscher Journalist. Zum Rundfunk kam Mönter im September 1980. Mit Gründung des öffentlich-rechtlichen Lokalradiosenders NDR 90,3 im Januar 1981 (damals NDR Hamburg-Welle) wurde Mönter als Theaterkritiker und Kulturreporter Mitglied der Kulturredaktion. Seit Mai 1986 moderierte und gestaltete er regelmäßig die Sendung „Sonntakte" auf dem Stadtsender NDR 90,3, in der er weit über vierhundert Mal die Hamburger Theater-, Musical- und Operettenszene präsentierte. Anfang der 1990er-Jahre wurde Mönter einem breiten Fernsehpublikum als „Herr Friedhelm" im Separee der Schmidt-Mitternachtshow bekannt. Hier interviewte er prominente Zeitgenossen wie Harald Juhnke, Ulrich Wildgruber, Volker Lechtenbrink, Heidi Kabel und Witta Pohl. Mönter starb am 18. Februar 2009 an den Folgen einer schweren Krankheit in einer Hamburger Klinik. Sein Grab befindet sich auf dem Friedhof Ohlsdorf in Hamburg. Dort erinnert ein Stein mit dem Schriftzug seines Namens und Geburts- und Sterbedaten an ihn.

Werner von Melle wurde am 18. Oktober 1853 in Hamburg geboren und war ein Hamburger Jurist, Senator und Bürgermeister. Werner von Melle wurde als zweites Kind des Kaufmanns und späteren Hamburger Senators Emil von Melle geboren. Er studierte Rechtswissenschaften und wurde 1876 promoviert. Er wurde am 1. November 1876 in Hamburg als Advokat immatrikuliert und war als solcher bis 1886 zugelassen. 1886 wurde von Melle auf Wunsch von Emil Hartmeyer Redakteur bei den Hamburger Nachrichten und gab damit seine anwaltliche Tätigkeit auf. 1891 wurde von Melle zum Mitglied des Präsidiums der Oberschulbehörde ernannt und am 17. Juni zum Senatssyndicus gewählt. Am 26. September 1900 wurde von Melle in den Hamburger Senat berufen und 1904 als Präses der Oberschulbehörde bestellt. Für die Kalenderjahre 1914 und 1917 wurde er vom Senat zum Zweiten Bürgermeister gewählt und für 1915 und 1918 turnusmäßig zum Ersten Bürgermeister. 1919 war von Melle maßgeblich in Zusammenarbeit mit Rudolf Ross an dem Gesetz zur Gründung der Universität Hamburg und der Hamburger Volkshochschule beteiligt. Er starb am 18. Februar 1937 und wurde auf dem Friedhof Ohlsdorf beigesetzt.

Lotte Herrlich wurde 1883 (das genaue Geburtsdatum wurde nicht überliefert) geboren und war eine deutsche Fotografin, die sich in den 1920er-Jahren vor allem mit Aufnahmen aus der noch jungen Naturistenbewegung einen Namen gemacht hat. Sie begann mit dem Fotografieren nach der Geburt ihres Sohnes. Autodidaktisch bildete sie sich weiter und fand über Landschaftsaufnahmen und Porträtstudien zum Akt. Ihre Fotos wurden in Publikationen verschiedener Verlage und Organisationen dieser Bewegung verwendet. Daneben veröffentlichte sie zahlreiche Bücher zum Thema Aktfotografie und Naturismus. Sie starb 1956 und wurde auf dem Nienstedtener Friedhof in Hamburg bestattet.

Otto Ernst wurde am 7. Oktober 1862 geboren und war ein deutscher Dichter und Schriftsteller. 1891 gründete Ernst die Hamburger „Literarische Gesellschaft". 1893 gab er mit Leo Berg und Constantin Brunner die literaturkritische Zeitschrift „Der Zuschauer" heraus. Neben seinem Lehrerberuf war Ernst als freier Schriftsteller, Bühnenautor und Vortragskünstler tätig. Als die Einnahmen aus den künstlerischen Tätigkeiten groß genug waren, beschloss Ernst im Jahre 1901, sich nur noch um die Kunst zu kümmern, und kehrte dem Lehrerberuf den Rücken. Er starb am 5. März 1926 und wurde auf dem Friedhof Groß Flottbek in Hamburg beerdigt.

Otto Lagerfeld wurde am 20. September 1881 geboren und war ein deutscher Unternehmer. Lagerfeld, Sohn des Weinhändlers Tonnies Johann Otto Lagerfeld (1845–1931), gründete 1919 die Firma „Lagerfeld & Co" zum Import von Carnation Dosenmilch. 1923 führte er eine eigene Marke unter dem Namen „Glücksklee" ein. Er leitete bis zu seinem Ausscheiden 1957 als Geschäftsführer den Wiederaufstieg der „Glücksklee Milchgesellschaft mbH", die ihre Stellung als führender deutscher Hersteller von Dosenmilch zu behaupten vermochte. Unternehmer Otto Lagerfeld war mit Elisabeth Lagerfeld (1897–1978) verheiratet. Sie waren die Eltern des Modeschöpfers Karl Lagerfeld. Otto Lagerfeld starb am 4. Juli 167. Das Grab von Otto Lagerfeld und seiner Frau befindet sich auf dem Hamburger Friedhof Nienstedten.

Fritz Sdunek wurde am 18. April 1947 geboren und war ein deutscher Amateurboxer und Boxtrainer. 1963 begann Sdunek mit dem Boxen bei der BSG Lokomotive Greifswald, 1969 wechselte er zum SC Traktor Schwerin, für den er bis zu seinem Karriereende 1972 boxte. Er gewann als Boxer 99 von 129 Kämpfen, sein größter Erfolg war der Gewinn des Studentenmeistertitels der DDR. 1990 bis 1993 war Sdunek Trainer in der Boxabteilung des TSV Bayer Leverkusen, er betreute schon dort Dariusz Michalczewski, mit dem er 1991 in Göteborg Amateureuropameister wurde. Seit 1994 war Sdunek als Trainer bei Universum Box-Promotion angestellt, zuerst als Konditionstrainer und ab 1996 als Cheftrainer. In dieser Funktion gesellte er sich zu den erfolgreichsten deutschen Boxtrainern jener Zeit. Er trainierte Schwergewichtsweltmeister Vitali Klitschko und Ex-WBA-Mittelgewichtsweltmeister Felix Sturm. Am 22. Dezember 2014 starb er und auf dem Friedhof Ohlsdorf in Hamburg beigesetzt. An seinem Grab steht eine Stele mit zwei Boxhandschuhen.

OZ wurde im Jahr 1950 geboren und hieß mit bürgerlichem namen Walter Josef Fischer. Er war ein deutscher Graffiti-Künstler. Er galt als „Großvater der Sprüherszene" in Hamburg. Seine Werke sind im Hamburger Stadtgebiet omnipräsent, vor allem in Form von Smileys, Spiralen und Tags. Mit dem Sprühen von Graffiti soll er 1977 in Stuttgart begonnen haben. Im selben Jahr unternahm er Reisen innerhalb Europas und nach Indien, Thailand, Afghanistan und Indonesien. Ab 1992 lebte er in Hamburg. Zunächst sprühte OZ nur Smileys, später auch Schriftzüge, Kringel und großformatige, abstrakte Bilder. Nach Schätzungen der Hamburger Polizei hatte OZ bereits bis 2002 mehr als 120.000 gesprühte Zeichen im Stadtbild hinterlassen. Diese Zahl hat bis zu seinem Tod vermutlich noch deutlich zugenommen. Zuletzt lebte OZ im Hamburger Stadtteil Billstedt. Er war von einem Gericht als „seelisch behindert" eingestuft worden und wurde die letzten sechs Jahre seines Lebens von Sozialarbeitern betreut. Am 25. September 2014 gegen 22:30 Uhr sprühte Oz auf den Gleisen zwischen den Stationen Hamburg Hauptbahnhof und Berliner Tor. Dort erfasste ihn eine vorbeifahrende S-Bahn. Er wurde auf dem Friedhof Ohlsdorf in Hamburg beigesetzt.

Johann Gerhard Oncken wurde am 26. Januar 1800 geboren und gilt als Begründer der deutschen und kontinentaleuropäischen Baptistengemeinden. Er wuchs in einfachen Verhältnissen auf und erlernte in England, wo er der methodistischen Erweckungsbewegung begegnete, den Beruf eines Kaufmanns.

Als junger Mann kehrte er nach Deutschland zurück, eröffnete eine christliche Buchhandlung in Hamburg und begann mit einer Missionsarbeit unter Seeleuten. Noch vor seiner Hinwendung zum Baptismus begründete er mit einem evangelisch-lutherischen Pfarrer eine Sonntagsschularbeit im Hamburger Stadtviertel St. Georg. Sie wurde eine der Keimzellen der später von Johann Hinrich Wichern (Seite 10) ins Leben gerufenen „Inneren Mission". 1834 wurde er Baptist und in der Folgezeit zu einem der bedeutenden Kirchengründer im Europa des 19. Jahrhunderts. Er starb am 2. Januar 1884 und wurde auf dem Friedhof Ohlsdorf in Hamburg beigesetzt.

Peter von Zahn wurde am 29. Januar 1913 geboren und war ein deutscher Hörfunk- und Fernsehjournalist. Als Redakteur und Kommentator der ersten Stunde begann von Zahn bereits im Juni 1945 beim Sender „Radio Hamburg", das zum 30. September 1945 in den NWDR umgewandelt wurde. Von Zahn wurde erster Leiter der Abteilung „Talks & Features", aus der später die Hauptabteilung Wort hervorging. 1948 folgte eine Korrespondententätigkeit beim NWDR in Düsseldorf, 1949 die Leitung dieses Studios. Dort betreute er die 15-minütige Nachrichtensendung „Von Rhein und Ruhr". Ständige Konflikte mit dem Generaldirektor Adolf Grimme wegen zu provokanter Aussagen führten ihn aber bald ins Ausland. Als erster festangestellter deutscher Auslandskorrespondent nach dem Zweiten Weltkrieg ging von Zahn in die USA. Von 1951 bis 1960 war er dem deutschen Publikum als Rundfunkkorrespondent in Washington bekannt, zunächst mit der 15-minütigen Radiosendung „Aus der neuen Welt". Am 3. Oktober 1955 kam die 30-minütige Fernsehsendung „Aus der neuen Welt" hinzu. Sie begründeten die erste systematische Auslandsberichterstattung des westdeutschen Fernsehens. Nach seiner Zeit in den USA arbeitete Peter von Zahn als freier Autor, Regisseur und Produzent. Er erstellte fast 3.000 Hörfunkbeiträge und über 1.000 Fernsehfilme, zumeist Reportagen. Viel Beachtung erfuhr auch die von ihm in den 1980er-Jahren gestaltete TV-Vorabendsendung „Bilder, die die Welt bewegten". Peter von Zahn starb am 26. Juli 2001 und wurde auf dem Friedhof Ohlsdorf in Hamburg beigesetzt.

Hermann Schnabel wurde am 29. März 1921 geboren und war ein deutscher Unternehmer und Philatelist. In Hamburg kaufte er 1950 den Firmennamen des 1900 von dem Kaufmann Karl Otto Helm gegründete Im- und Export-Unternehmen „Karl O. Helm". Das Unternehmen baute Schnabel mit der Spezialisierung auf den Chemiehandel rasch aus. Über eine 50 prozentige Beteiligung war er bis 1992 an der Deutschen Chemapol GmbH beteiligt und mit 50 Prozent an einem Joint Venture mit der Chemapol in Prag, über die der komplette Chemie-Außenhandel der damaligen Tschechoslowakei abgewickelt wurde. Als Geschäftsführer und Mehrheitsaktionär des Unternehmens „Helm AG" gehörte Hermann Schnabel 2001 mit einem Privatvermögen von etwa drei Milliarden Deutsche Mark zu den reichsten Deutschen. Am 9. Juni 2010 verstarb Schnabel, er wurde auf dem Friedhof Ohlsdorf beigesetzt. Die „Helm AG" wurde von 1984 bis 2012 von seinem Sohn, Dieter Schnabel, weitergeführt.

Hans Tügel wurde am 21. August 1894 geboren und war ein deutscher Schauspieler, Regisseur, Hörspielsprecher und Autor. Er begann 1927 im Alter von 33 Jahren seine Theaterkarriere als Regisseur und Oberspielleiter beim Landestheater Meiningen. Zu den weiteren Stationen seiner Theatertätigkeiten gehörten Kiel, Breslau, Königsberg, Posen, Hamburg und Lübeck. Tügel inszenierte rund 250 Bühnenstücke. Darüber hinaus war er auch immer wieder als Schauspieler tätig, so auch in einigen Film- und Fernsehproduktionen. 1968 spielte er die Hauptrolle in dem Fernsehfilm „Septembergewitter" von Jürgen Breest. Nach dem Zweiten Weltkrieg war er vorwiegend für den NWDR Hamburg und dessen Rechtsnachfolger, den NDR, als Hörspielsprecher und –regisseur tätig. Als Regisseur arbeitete er hauptsächlich für die Niederdeutsche Abteilung des Hamburger Senders. Umfangreich war hier von Anfang an die Zusammenarbeit mit dem Ensemble des „Ohnsorg-Theaters", das in unzähligen Mundart-Hörspielen der verschiedensten Genres mitwirkte. Tügel soll an insgesamt über 800 Hörspielproduktionen mitgewirkt haben.

Er verstarb am 26. August 1984, also fünf Tage nach seinem 90. Geburtstag, in seiner Heimatstadt Hamburg. Seine Frau Ilona überlebte ihn um sechs Jahre. Das Grab des Ehepaares befindet sich auf dem Hamburger Friedhof Ohlsdorf, in Abteilung Y 28. Die Friedhofsverwaltung hat bei nachfrage bemerkt, dass es sich um ein Prominentengrab handelt, das auch nach Ablauf der Ruhezeit nicht geräumt werden soll.

Henning Schlüter wurde am 1. März 1927 geboren und war ein deutscher Schauspieler. Schlüter studierte zunächst von 1946 bis 1949 Philosophie, Psychologie und Germanistik und absolvierte nebenbei eine Schauspielausbildung. 1949 wurde er Ensemblemitglied des Deutschen Theaters im Osten Berlins, wo er bis 1952 unter Vertrag blieb. Außerdem spielte er zeitgleich unter Bert Brecht in dessen „Berliner Ensemble". Es folgte im Jahr 1952 ein Wechsel nach Hamburg an die dortigen Kammerspiele in der Hartungsstraße. Seit 1960 spielte Schlüter zudem regelmäßig Rollen in Film und Fernsehen. Dabei erreichte der Charakterdarsteller mit der imposanten Statur und Stimme auch internationale Bekanntheit. Besondere Popularität brachte ihm die Rolle des Franz Millinger, den er zwischen 1977 und 1984 als Vorgesetzten von Siegfried Lowitz als Kommissar Erwin Köster in „Der Alte" verkörperte. 1985 spielte Schlüter selbst die Hauptrolle in einer Krimiserie als Seniorpartner der Anwaltskanzlei Wolff und Wolff in „Ein heikler Fall". Henning Schlüter starb am 20. Juli 2000 und wurde auf dem Friedhof Ohlsdorf in Hamburg beerdigt.

Heinrich Rudolf Hertz wurde am 22. Februar 1857 in Hamburg geboren und war ein deutscher Physiker. 1886 konnte er erstmals elektromagnetische Wellen im Experiment erzeugen und nachweisen. Hertz machte sein Abitur am Johanneum in Hamburg und bereitete sich danach in einem Konstruktionsbüro in Frankfurt am Main auf ein Ingenieurstudium vor. Ein Studium in Dresden brach er nach dem ersten Semester ab, weil ihn dort lediglich die Mathematikvorlesungen begeistern konnten. Nach einem einjährigen Militärdienst begann er an der Technischen Hochschule München Mathematik und Physik zu studieren. 1878 wechselte Hertz an die Berliner Friedrich-Wilhelms-Universität. Er wurde im Alter von 23 Jahren mit einer Arbeit über die Rotation von Metallkugeln in einem Magnetfeld promoviert und blieb zwei Jahre als Forschungs- und Vorlesungsassistent bei Hermann von Helmholtz in Berlin. Hertz gelang es 1886 als Erstem, freie elektromagnetische Wellen experimentell zu erzeugen und nachzuweisen. Damit bestätigte er die von James Clerk Maxwell entwickelten Grundgleichungen des Elektromagnetismus und insbesondere die elektromagnetische Theorie des Lichts. Hertz starb mit nur 36 Jahren nach langer Krankheit am 1. Januar 1894 und wurde auf dem Friedhof Ohlsdorf in Hamburg beigesetzt.

Fritz Schumacher wurde am 4. November 1869 geboren und war ein deutscher Architekt, Stadtplaner, Baubeamter und Hochschullehrer, der viele Jahre als Oberbaudirektor in Hamburg wirkte. Er war Mitbegründer des Deutschen Werkbundes und Förderer der neuzeitlichen Backstein-Bauweise in Norddeutschland. Im Jahr 1901 wurde er als Professor an die Technische Hochschule Dresden berufen – ein Amt, das er bis 1909 ausübte. Nach der Choleraepidemie von 1892 entschloss sich der Senat unter Bürgermeister Mönckeberg, das Gängeviertel in der östlichen Altstadt abzureißen und großzügig neu zu gestalten. Zu diesen Maßnahmen zählt der Bau der Mönckebergstraße. 1908 erfolgte die Berufung zum Baudirektor und Leiter des Hochbauwesens in Hamburg, wo er die Stelle am 1. September 1909 antrat. Seine Bauten dieser ersten Hamburger Phase adaptierten lokale Vorbilder der Baugeschichte und wirkten insbesondere mit der werkgerechten Verwendung des roten Klinkers prägend. Zu den Bauten aus dieser Zeit zählen das Tropeninstitut, die Hochschule für bildende Künste, das Johanneum, das Fritz-Schumacher-Haus (Gebäude N 30) im Universitätsklinikum Hamburg-Eppendorf, das jetzige Medizinhistorisches Museum am Universitätsklinikum Hamburg-Eppendorf und das Museum für Hamburgische Geschichte. Fritz Schumacher starb am 5. November 1947 und wurde auf dem Friedhof Ohlsdorf beigesetzt. Das „neue" Krematorium auf dem Gelände des Friedhofs Ohlsdorf (1930–1932 als Ersatz für das Krematorium an der Alsterdorfer Straße errichtet) wurde zu Schumachers letztem öffentlichen Bau.

Karl Opfermann wurde am 28. September 1891 geboren und war ein deutscher Holz- und Steinbildhauer. Bis 1913 war Opfermann Schüler der Kunstgewerbeschule Flensburg von 1913 bis 1914 an der Landeskunstschule Hamburg. Opfermann war Mitglied der Hamburger Sezession; seine Werke entstanden hauptsächlich als Bauplastiken – in seinen Holzarbeiten ist die Nähe zum plastischen Werk Ernst Barlachs deutlich zu spüren. Karl Opfermann starb am 7. März 1960 in seiner Heimatstadt Ahrensburg. Er wurde auf dem Friedhof Ohlsdorf in Hamburg beigesetzt.

Ernst Voss wurde am 12. Januar 1842 geboren und war Werftmitbegründer von „Blohm & Voss". 1877 begann Ernst Voss zusammen mit seinem Partner Hermann Blohm mit dem Bau der Werft „Blohm & Voss". Ein Besonderes Verdienst ist die Konstruktion des Dockbaus, außerordentlich wichtig für schnelles Docken und Reparieren der Schiffe. Die beiden Ingenieure Hermann Blohm und Ernst Voss ergänzten sich in bester Art, Hermann Blohm mit großem Unternehmergeist und familiärem finanziellen Rückhalt, Ernst Voss als hervorragender Konstrukteur mit umfassender Erfahrung auf dem Gebiet des Maschinen- und Schiffbaus. Ernst Voss wurde auf dem Friedhof Ohlsdorf begraben.

Aline Bußmann (verheiratete Hager) wurde am 17. Februar 1889 geboren und war eine deutsche Schauspielerin, Rundfunksprecherin und Publizistin. Sie spielte an der Niederdeutschen Bühne (NDB) in Hamburg, dem späteren „Ohnsorg-Theater", und sprach zahlreiche Hörspiele in niederdeutscher Sprache. Freundschaften verbanden sie mit den Schriftstellern Gorch Fock, dessen Nachlass sie herausgab, und Wolfgang Borchert (Seite 27), für den sie zur Mentorin wurde. 1911 gehörte sie dem Ensemble der Gesellschaft für dramatische Kunst des Hamburger Theaterleiters Richard Ohnsorg an. Neben ihren vielen Engagements am Theater arbeitete Bußmann (auch nach ihrer Heirat trat sie weiter unter ihrem Mädchennamen auf) bereits seit ihrem 22. Lebensjahr als Rezitatorin, unter anderem auch für die Werke Gorch Focks. Ab Mitte der 1920er Jahre wirkte sie an einer Vielzahl von Hörspielen in niederdeutscher Sprache für die NORAG mit, die nach den Bühnenstücken der Niederdeutschen Bühne entstanden. Aline Bußmann starb am 4. Juli 1968 und wurde auf dem Friedhof Ohlsdorf in der Familiengrabstätte Hager, Planquadrat P29 beigesetzt.

Larry Evers (bürgerlich Ernst Evers) wurde am 18. April 1951 geboren und war ein deutscher Sänger und Musiker. Bekannt wurde Larry Evers als Mitbegründer und Sänger der aus Schwabstedt (Schleswig-Holstein) stammenden Band „Godewind". Bereits im Jahr 1976 wurde die Vorläuferformation „Trio Albatros" ins Leben gerufen. 1977 produzierte Evers mit der damals 20-jährigen Annegret Behrend eine Coverversion des ABBA-Songs „Arrival" – es erschien eine Single. 1978 folgte das in niederdeutscher Mundart eingesungene Album „Mien Moderspraak". 1990 errang „Godewind" mit dem Song „Regenbogenkinder" den ersten Platz im Wettbewerb „Lieder so schön wie der Norden". Larry Evers starb am 25. Mai 2014 und wurde auf dem Friedhof in Schwabstedt beigesetzt.

Ernst Buchholz wurde am 10. Juli 1905 geboren und war ein deutscher Jurist. Ab 1925 studierte Buchholz Jura an der Universität Hamburg und wechselte ein Jahr später an die Universität Berlin. Im November 1929 bestand er die erste juristische Staatsprüfung. Danach arbeitete er als Referendar im öffentlichen Dienst in seiner Geburtsstadt Hamburg. Buchholz arbeitete zunächst für ein Jahr beim Amtsgericht Hamburg, wo er zum Hilfsrichter befördert wurde. Seit 1937 wirkte er als Staatsanwalt, später als Oberstaatsanwalt und Leitender Oberstaatsanwalt. Am 31. März 1958 wurde Buchholz vor dem Hanseatischen Oberlandesgericht zum Generalstaatsanwalt ernannt. Nach Kriegsende leitete Buchholz ab September 1945 die Gnadenabteilung und verantwortete die Justizpressestelle. 1965 wurde Buchholz zum Ehrenmitglied der Freien Akademie der Künste in Hamburg ernannt. Außerdem engagierte er sich im Beirat des Deutschen Schriftstellerverbands. Ernst Buchhloz starb am 5. April 1967 und wurde auf dem Friedhof Ohlsdorf beigesetzt.

Hilde Sicks wurde am 25. November 1920 geboren und war eine deutsche Volksschauspielerin und Hörspielsprecherin, die insbesondere durch ihre über 250 Rollen am Hamburger „Ohnsorg-Theater" sowie viele Gastspiele und Fernsehübertragungen des Theaters im Fernsehen auch bundesweit einem größeren Publikum bekannt geworden ist. Am 31. Juli 2007 starb sie im Alter von 86 Jahren nach langer schwerer Krankheit in Hamburg und wurde auf dem Friedhof Ohlsdorf beigesetzt.

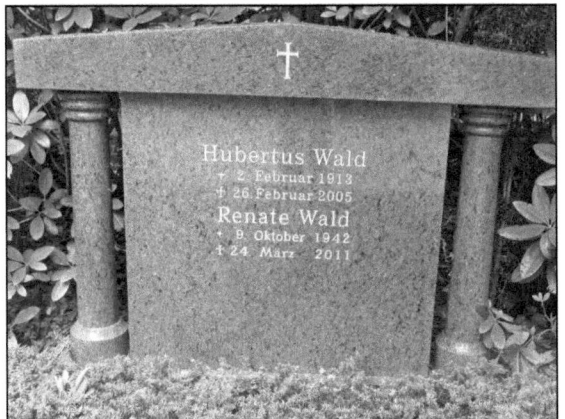

Hubertus Wald wurde am 2. Februar 1913 geboren udn war deutscher Unternehmer, Kunstsammler und Mäzen. Mit 33 Jahren eröffnete er eines der ersten Lichtspielhäuser Deutschlands, die „Kurbel" in Karlsruhe. Schon bald hatte Wald sein Unternehmen zur damalig größten deutschen Kino-Gruppe ausgebaut. Er starb am 26. Februar 2005 und wurde auf dem Friedhof Ohlsdorf beigesetzt.

Hugo Kaun wurde am 21. März 1863 geboren und war ein deutscher Komponist, Dirigent und Musikpädagoge. Nachdem er als Lehrer an die Königliche Akademie der Künste in Berlin aufgenommen worden war, wurde er 1912 zum Professor ernannt. Von 1922 bis 1932 wirkte Hugo Kaun als Lehrer für Komposition am Klindworth-Scharwenka-Konservatorium. Auch setzte er seine umfangreiche Lehrtätigkeit im privaten Rahmen fort. Seine Werke genossen in Deutschland und Amerika höchste Wertschätzung. Hugo Kaun gilt als moderner Spätromantiker, der sich und seine Musik als „deutsch" empfand. Kaun starb am 2. April 1932 in Berlin und wurde auf dem Friedhof Zehlendorf beerdigt.

Alfred Schieske wurde am 6. September 1908 geboren und war ein deutscher Schauspieler. Er agierte nach dem Krieg zuerst in Köln, ehe er 1947 in Berlin ein Engagement am „Theater am Schiffbauerdamm" antrat, in dem er bis 1950 arbeitete. Es folgten Engagaments am Schillertheater und Schlossparktheater in West-Berlin, außerdem in Düsseldorf, Recklinghausen und Jagsthause. Seit 1941 war Schieske auch in Spielfilmen zu sehen. Seine bedeutendste Rolle erhielt er 1948 in dem DEFA-Streifen „Affaire Blum" als Kriminalist Otto Bonte, der den angeklagten Juden Blum rettet und den wahren Täter überführt. In den 1960er Jahren profilierte sich Alfred Schieske vor allem als Fernsehdarsteller in Literaturverfilmungen wie „Wer einmal aus dem Blechnapf frißt" und „Jeder stirbt für sich allein". Alfred Schieske starb im Alter von 61 Jahren am 14. Juli 1970 in seiner Heimatstadt Berlin. Er wurde auf dem Friedhof Zehlendorf im gleichnamigen Berliner Ortsteil beigesetzt.

Wolfgang Spier wurde am 27. September 1920 geboren und war ein deutscher Regisseur, Schauspieler, Synchronsprecher und Moderator. Bereits 1946 bekam Spier im Wiesbadener Staatstheater ein Engagement. 1950 ging Wolfgang Spier nach Berlin und war Mitgründer des Theaterclubs im „British Center" und arbeitete bei den „Berliner Stachelschweinen" und dem Kabarett „Die Wühlmäuse" mit. Es folgte ein Engagement am Düsseldorfer Schauspielhaus, danach arbeitete er als freier Regisseur, Schauspieler, Synchronsprecher und Moderator. Die TV-Quizshow „Wer dreimal lügt" machte ihn einem breiten Publikum in Deutschland bekannt. 1978 brachte er die von Hans Rosenthal erdachte Radioquizsendung „Allein gegen alle" in die ARD. Am 18. März 2011 starb Spier im Alter von 90 Jahren an einem Herzinfarkt. Sein Grab befindet sich auf dem Berliner Friedhof Heerstraße.

Lilli Blessmann war die Managerin von Sänger Freddy Quinn. Außerdem war sie mit dem Künstler mehre Jahrzehnte verheiratet. Allerdings blieb die Ehe jedoch lange Zeit der Öffentlichkeit verborgen – nach außen siezten sich die Eheleute. Zudem sind keine genauen Geburtsdaten von ihr bekannt. Öffentlich bekannt wurde die Ehe erst im Zusammenhang mit einem Strafverfahren wegen Steuerhinterziehung, in dem Quinn am 22. November 2004 zu einer zweijährigen Bewährungs- und Geldstrafe verurteilt wurde. Der gebürtige Österreicher feierte in den 1950er- und 1960er-Jahren seine größten Erfolge mit Titeln wie „Heimweh", „Heimatlos", „Die Gitarre und das Meer", „Unter fremden Sternen", „La Paloma" und „Junge komm bald wieder". Lilli Blessmann starb im Alter von 89 Jahren am 16. Januar 2008 und wurde auf dem Friedhof Ohlsdorf in Hamburg beigesetzt.

Wilhelm Flitner wurde am 20. August 1889 geboren und war ein deutscher Pädagoge. Er war ab 1926 außerordentlicher Professor an der Universität Kiel und von 1929 bis 1958 ordentlicher Professor an der Universität Hamburg, war ein Vertreter der geisteswissenschaftlichen Richtung in der Pädagogik und einer der führenden Reformpädagogen der Weimarer Republik und der ersten Jahrzehnte der Bundesrepublik.

In der Weimarer Republik gab Flitner ab 1925 die Zeitschrift „Die Erziehung" heraus, deren Schriftleiter er zugleich war. Er starb am 21. Januar 1990 und wurde auf dem Nienstedtener Friedhof in Hamburg bestattet.

Hans Mahler wurde am 15. August 1900 geboren und war ein deutscher Theater- und Filmschauspieler, sowie Theaterregisseur. Er war ab 1949 als Nachfolger von Rudolf Beiswanger Intendant des Ohnsorg-Theaters in Hamburg. Aus seiner im Jahr 1937 geschlossenen Ehe mit der Volksschauspielerin Heidi Kabel (Seite 186) gingen zwei Söhne (* 1938 und * 1942) sowie Heidi Mahler (* 1944), die ebenfalls Schauspielerin am Ohnsorg-Theater ist, hervor. Er stand oftmals mit Edgar Bessen, Otto Lüthje, Erna Raupach-Petersen und Heidi Kabel auf der Theaterbühne. Hans Mahler starb am 25. März 1970 und wurde auf dem Nienstedtener Friedhof in Hamburg bestattet. Seine Gattin verstarb am 15. Juni 2010 und ruht neben ihm.

Hans Rosenthal wurde am 2. April 1925 geboren und war ein deutscher Entertainer, Moderator, Regisseur, Abteilungsleiter für Unterhaltung im RIAS und Mitglied im Direktorium des Zentralrats der Juden. 1945 machte Hans Rosenthal eine Ausbildung beim Berliner Rundfunk, wo er danach als Regieassistent arbeitete und das erste Hörspiel „Nathan der Weise" betreute. Bekannt wurde er durch die Moderation der Fernseh-Unterhaltungsshow „Dalli Dalli" und seine wiederkehrende Frage an das Publikum „Sie sind der Meinung, das war …?", worauf das Publikum stets begeistert „Spitze!" rief, während Rosenthal einen – im Fernsehbild kurz „eingefrorenen" – Luftsprung vollführte, der sein Markenzeichen wurde. Rosenthal engagierte sich seit den 1960er Jahren im Zentralrat der Juden in Deutschland, ab 1973 als Mitglied seines Direktoriums, in der Jüdischen Gemeinde zu Berlin sowie in diversen sozialen Projekten. 1980 veröffentlichte Rosenthal unter dem Titel „Zwei Leben in Deutschland" seine Autobiographie. Am 10. Februar 1987 starb Rosenthal und wurde in einem Ehrengrab des Landes Berlin auf dem Jüdischen Friedhof Heerstraße in der Ehrenreihe im Feld I beigesetzt.

Ida Dehmel wurde am 14. Januar 1870 geboren und war Lyrikerin und Frauenrechtlerin. In der Zeit des Nationalsozialismus wurde sie als Jüdin verfolgt. Die als Ida Coblenz in Bingen am Rhein Geborene wurde als die zweite Ehefrau von Richard Dehmel (Seite 177) bekannt. 1916 gründete sie den „Frauenbund zur Förderung deutscher bildender Kunst". 1926 gründete sie die „Vereinigung Hamburger Künstlerinnen". Ebenfalls 1926 gründete sie die GEDOK (Gemeinschaft deutscher und österreichischer Künstlerinnen aller Kunstgattungen). Ida Dehmel starb am 29. September 1942, ihre letzte Ruhestätte fand sie (genauso wie ihr Mann) in ihrem ehemaligen Wohnhaus, wie die „Ohlsdorf – Zeitschrift für Trauerkultur" im Artikel „Urne im Haus – Die Ruhestätte von Richard und Ida Dehmel" berichtet.

Philipp Fürchtegott Reemtsma wurde am 22. Dezember 1893 geboren und war ein deutscher Unternehmer und Kunstmäzen. Er war Sohn des Kaufmanns und Zigarrenherstellers Bernhard Reemtsma und trat nach schweren Kriegsverletzungen 1917 mit seinem Bruder Hermann Fürchtegott Reemtsma (Seite 188) in die väterliche Firma in Erfurt ein, wo er für Verkauf, Werbung und Finanzen zuständig war. Mit dem Bemühen um gleichbleibende Qualität machte er die Zigaretten zu einem Markenartikel. Für ihn war eine Zigarette „Papier, ein Gramm Tabak und viele Werbemillionen". Reemtsma wirkte auch als Mäzen. Beispielsweise spendete er von 1929 (bis 1945), zunächst anonym, dem Nietzsche-Archiv jährlich eine Summe von 28.000 Reichsmark. Philipp Fürchtegott Reemtsma wurde auf dem Nienstedtener Friedhof in der Familiengrabstätte in Hamburg beigesetzt.

Paul Nevermann wurde am 5. Februar 1902 geboren und war ein deutscher Politiker (SPD). Er war bereits in der Weimarer Republik aktiver Sozialdemokrat und verteidigte in den ersten Jahren des „Dritten Reiches" in seiner Tätigkeit als Anwalt politisch Verfolgte. Während dieser Zeit wurde er durch seine politische Einstellung selbst zum Opfer des NS-Regimes. Nach dem Zweiten Weltkrieg gehörte er 28 Jahre lang der Hamburgischen Bürgerschaft an, war als Sozial- und vor allem als Bausenator tätig und übernahm von 1961 bis 1965 das Amt des Ersten Bürgermeisters der Stadt Hamburg. In die Zeit als Bürgermeister fielen mehrere für Hamburg prägende Ereignisse. Dramatisch war vor allem die Flutkatastrophe im Februar 1962. Daneben war die so genannte „Spiegel-Affäre" das zweite Ereignis, das bundesweite Beachtung fand. Innenpolitisch wurde ein größeres Mitspracherecht der Bürgerschaft in der Wirtschaftspolitik gefordert, die eine neue Ausrichtung haben sollte. Nach dem Ausscheiden aus der Parteipolitik wurde er zum Präsidenten des Deutschen Mieterbundes gewählt. Paul Nevermann starb am 22. März 1979 auf seinem Altersruhesitz „Buen Retiro" in Puerto de la Cruz auf Teneriffa. Bestattet wurde er auf dem Nienstedtener Friedhof in Hamburg.

Julius Hart wurde am 9. April 1859 geboren und war ein deutscher Dichter und Literaturkritiker des Naturalismus. Er begann als Journalist und war unter anderem Theaterkritiker, seit 1881 brachte er mit seinem Bruder Heinrich Hart kritische Schriften heraus und veröffentlichte Gedichtsammlungen („Triumph des Lebens", 1898). Außerdem gründeten beide 1879 den „Deutschen Literaturkalender". Julius Hart starb am 7. Juli 1930 in Berlin im Alter von 71 Jahren. Sein Grab (Ehrengrabstätte) befindet sich auf dem Friedhof Zehlendorf.

Rolf Prasch wurde am 18. Oktober 1883 geboren und war ein deutscher Schauspieler, Theaterintendant und Theaterregisseur. Im Dritten Reich trat er als Filmschauspieler in den beiden Darstellungen von Kaiser Wilhelm „Robert Koch, der Bekämpfer des Todes" und „Carl Peters" auf. Seine letzte Filmrolle bis 1945 war sinnigerweise die eines Theaterdirektors in „Liebesgeschichten". Für seinen letzten Film, die Schnulze „Unter den Sternen von Capri", verpflichtete ihn 1953 eine Hamburger Filmgesellschaft. Er starb am 8. Juli 1960 in seiner Heimatstadt Hamburg und fand auf dem Friedhof Ohlsdorf seine letzte Ruhe.

Götz George wurde am 23. Juli 1938 geboren und war ein deutscher Schauspieler in Theater und Film. Große Popularität erlangte er in Deutschland unter anderem in der Rolle des Duisburger Kriminalkommissars Horst Schimanski in der Krimireihe „Tatort". Bereits als junger Schauspieler erlangte er durch Karl-May-Verfilmungen Berühmheit. In den 1960er Jahren war er ein Jugendidol und mehrmals Titelbild der Jugendzeitschrift „Bravo". In seiner späteren Karriere wurde er als Charakterschauspieler sowohl in ernsten als auch in satirischen Rollen geschätzt und mehrfach ausgezeichnet. Unter anderem stellte er in dem Fernsehfilm George seinen eigenen Vater, den Schauspieler Heinrich George (Seite 232) dar. Götz George starb am 19. Juni 2016 im Alter von 77 Jahren in Hamburg. Er wurde im engsten Familienkreis in seiner Geburtsstadt Berlin auf dem Friedhof Zehlendorf wenige Meter neben der Grabstelle seines Vaters beigesetzt.

Christa Siems wurde am 28. Juni 1916 geboren und war eine deutsche Volksschauspielerin. 1946 wurde sie Ensemblemitglied im Hamburger „St. Pauli Theater", dem sie bis 1981 angehörte und verkörperte in unzähligen Stücken mit Hamburger Lokalkolorit die unterschiedlichsten Figuren, häufig an der Seite ihrer Kollegin Trude Possehl. Als einzige Frau spielte Christa Siems in über 300 Vorstellungen die „Zitronenjette" in Paul Möhrings gleichnamigem Volksstück. Bekannt wurde Christa Siems auch durch ihre Hörspiel-Arbeiten beim Rundfunk. Seit 1940 wirkte sie darüber hinaus in Spielfilmen, Fernsehstücken und -serien mit („Stahlnetz", „Hafenpolizei" oder „Hafenkrankenhaus"). Sie starb am 27. Mai 1990 und wurde auf dem Friedhof Ohlsdorf beigesetzt.

Heinrich Peter Landahl wurde am 25. Januar 1895 geboren und war ein deutscher Politiker (DDP, SPD) und langjähriger Hamburger Schulsenator. 1919 wurde er Lehrer und trat der linksliberalen Deutschen Demokratischen Partei (DDP) bei. Von 1926 bis 1933 war er Rektor der reformpädagogisch orientierten Lichtwarkschule in Hamburg. Von 1924 bis 1933 gehörte Landahl der Hamburger Bürgerschaft an, 1930 war er einer ihrer Vizepräsidenten. 1933 war er für kurze Zeit Mitglied des Reichstages, wo er zusammen mit den anderen Abgeordneten seiner inzwischen in Deutsche Staatspartei (DStP) umbenannten Partei – darunter der spätere Bundespräsident Theodor Heuss – am 23. März 1933 für Hitlers Ermächtigungsgesetz stimmte. Von 1945 bis 1953 und von 1957 bis 1961 war Landahl als erster Hamburger Nachkriegs-Schulsenator verantwortlich für den Wiederaufbau des Hamburger Schulwesens und der Universität. Er starb am 22. Oktober 1971 und wurde auf dem Friedhof Ohlsdorf beigesetzt.

Ernst Drucker wurde 1855 geboren und war ein deutscher Schauspieler und Theaterbesitzer. Er wurde Mitglied des Ensembles von „Carl Schultze's Theater" am Hamburger Spielbudenplatz, wurde 1879 Direktor des Theaters und war somit mit nur 23 Jahren zu seiner Zeit der jüngste Theaterdirektor Deutschlands. Unter der Leitung von Ernst Drucker wurden Volksstücke in Hamburger Platt (etwa „Die Zitronenjette") sowie Revuen mit Hamburger Thematik (beispielsweise „Hamburg im Jahre 2000") fester Bestandteil des Repertoires. Er starb im Jahr 1918 in seiner Heimatstadt Hamburg und wurde auf dem dortigen Friedhof Ohlsdorf in der Familiengrabstätte beigesetzt.

Stefan Hentschel wurde am 30. September 1948 geboren und war ein Zuhälter und Boxer auf St. Pauli (Stadtteil von Hamburg). Internationale Bekanntheit erlangte Hentschel durch seinen Auftritt in einer als Internetvideo kursierenden Szene aus dem Dokumentarfilm „Der Boxprinz" über das Leben des Boxers Norbert Grupe, der sich „Prinz von Homburg" nannte. Am 18. Dezember 2006 erhängte sich Hentschel im Boxkeller der Szene-Kneipe „Zur Ritze" an der Reeperbahn auf St. Pauli in Hamburg.[2] Die letzten Wochen vor seinem Suizid war er depressiv und äußerte gegenüber Freunden seine „Abwanderungsgedanken". Außerdem wurde in der Presse über massive Geld- und Drogenprobleme als Grund für den Suizid spekuliert. Beigesetzt wurde Hentschels Urne auf dem Friedhof Ohlsdorf im Grab seiner Eltern Ursula und Heinz.

John Richmond Booth wurde am 19. November 1799 geboren und war ein deutscher Pflanzenzüchter und Besitzer einer Baumschule. John Richmond Booth war ein Sohn des Gärtners James Booth. Nach dem Tod seines Vaters 1814 führte er gemeinsam mit seinen Brüdern die Baumschule „James Booth & Söhne" fort. Booth erhielt den Gustav-Wasa-Orden und 1841 vom dänischen König den Dannebrogorden. Er starb am 14. September 1847, das Grab befindet sich auf dem Nienstedtener Friedhof in Hamburg.

Philipp Otto Runge wurde am 23. Juli 1777 geboren und zählt zu den bedeutendsten deutschen Malern der Frühromantik. Nach erstem Zeichenunterricht 1797 in Hamburg studierte er in den Jahren 1799 bis 1801 an der königlichen Akademie in Kopenhagen (Dänemark), sowie Akt und Antikenkopie, Freihandzeichnen, Anatomie, Geometrie und Perspektive. Es folgte von 1801 bis 1804 ein Studium an der Kunstakademie in Dresden. Zeitlebens betrieb Runge das Kunsthandwerk des Scherenschnitts und sandte Goethe zum Beispiel zahlreiche Blumen für die Zimmerdekoration samt Anleitung zur Anbringung und Aufbewahrung der Schnitte. Als Kunsttheoretiker äußerte er für die damalige Zeit revolutionäre Gedanken. Philipp Otto Runge starb am 2. Dezember 1810, er wurde auf dem Friedhof Ohlsdorf auf dem so genannten Gedächtnisfriedhof beigesetzt.

Karl-Otto Maue wurde am 1. November 1946 in Hameln geboren und war ein deutscher Journalist. Maue studierte Kulturwissenschaften und stieß 1993 zum Norddeutschen Rundfunk (NDR). Bis 1996 arbeitete er für das Satiremagazin „Extra 3" und bis zu seinem Tod für das Magazin „DAS!". Dort präsentierte er neue Kfz-Modelle auf eigene humoristische Art und Weise. Am 10. März 2000 wurde in der Sendung „DAS!" der hundertste Testbericht der etwas anderen Art mit Informationen über Autos, Motorräder, Motorroller und sogar Fahrräder mit Kalr-Otto Maue ausgestrahlt. Maue war als Talkgast auf dem Roten Sofa. Karl-Otto Maue wohnte bis zu seinem Tod im Hamburger Stadtteil Stellingen.Maue verstarb nach langer schwerer Krankheit und hinterlässt seine Ehefrau und drei Kinder. Er wurde auf dem Friedhof Ohlsdorf in Hamburg beigesetzt.

Heinrich George wurde am 9. Oktober 1893 geboren und war ein deutscher Schauspieler. Nach Rückkehr aus dem Ersten Weltkrieg folgten Anstellungen in Dresden am Albert-Theater (1917/18), Frankfurt am Main am Schauspielhaus (1918–1921) und 1921 am Deutschen Theater in Berlin. 1921 drehte er seinen ersten Film. In den folgenden Jahren wurde er einer der renommiertesten Schauspieler der Weimarer Republik. Von 1925 bis 1929 spielte er vorwiegend an der Volksbühne. 1926 spielte er in Fritz Langs Film „Metropolis" den Werkmeister der Herzmaschine. Er spielte in verschiedenen UFA-Filmen mit, darunter in den NS-Propagandafilmen „Hitlerjunge Quex" (1933). 1937 wurde er Intendant des „Schiller-Theater der Reichshauptstadt Berlin". In der Folge einer schweren Erkrankung am Blinddarm starb George am 25. September 1946. Heinrich Georges Ehrengrab der Stadt Berlin befindet sich auf dem Städtischen Friedhof Berlin-Zehlendorf im Feld 13. Er war der Vater von Götz George (Seite 225).

Heinrich Traun wurde am 8. Mai 1838 geboren und war ein Hamburger Fabrikant und Sozialpolitiker. Von 1901 bis 1908 war er Hamburger Senator. 1873 wurde von Traun in die Hamburgische Bürgerschaft gewählt, der er bis 1877 angehörte.[4] Am 1. Februar 1901 wurde von Traun in den Senat gewählt. Er war bis zu seiner Pensionierung am 10. Januar 1908 Senator. Er starb am 10. September 1909 und wurde auf dem Friedhof Ohlsdorf in Hamburg beigesetzt.

Margarete „Marga" Meusel wurde am 26. Mai 1897 geboren und war eine deutsche Sozialfürsorgerin und Mitglied der Bekennenden Kirche. Sie setzte sich für die Schaffung von Landkindergärten ein, um Verwahrlosungstendenzen von Kindern zu begegnen. Von August 1932 bis zu ihrem Tod im Mai 1953 leitete Meusel im Berliner Bezirk Zehlendorf das Evangelische Bezirkswohlfahrtsamt, ab 1940 als Bezirksstelle der Inneren Mission bezeichnet. Meusel hielt Sprechstunden ab, in denen sie Menschen in sozialen Notlagen beriet und unterstützte. Marga Meusel starb am 16. Mai 1953 und wurde in einer ehrenhalber gewidmeten Grabstelle auf dem Friedhof Zehlendorf in Berlin beigesetzt.

Ernst Harnack (ab 1914 von Harnack) wurde am 15. Juli 1888 geboren und war preußischer Regierungspräsident, deutscher Politiker und Widerstandskämpfer gegen den Nationalsozialismus. Wegen seiner Teilnahme am Aufstand des 20. Juli 1944 wurde er am 1. Februar 1945 vom Volksgerichtshof zum Tode verurteilt. Das Urteil wurde am 5. März in Plötzensee durch Hängen vollstreckt. Sein Leichnam wurde an unbekannter Stelle verscharrt. Ein Familiengrab auf dem Friedhof Zehlendorf, Onkel-Tom-Straße, führt auch seinen Namen auf.

Berta Drews wurde am 19. November 1901 geboren und war eine deutsche Schauspielerin. Sie studierte an einer Schauspielschule in Berlin, wurde im Jahr 1925 in Stuttgart engagiert und spielte von 1926 bis 1930 an den Münchner Kammerspielen. Im Jahr 1930 spielte sie an der Volksbühne in Berlin, seit 1933 am Staatstheater, von 1938 bis 1945 Mitglied des Ensembles des Berliner Schillertheaters, dessen Intendant seit 1937 ihr Ehemann Heinrich George war. Mit diesem gemeinsam spielte sie 1933 in „Hitlerjunge Quex". Am 10. April 1987 starb sie und wurde auf See bestattet. Am Grab ihres Gatten Heinrich George auf dem Friedhof Zehlendorf wird ihrer gedacht.

Peter Schiff wurde am 27. Juni 1923 geboren und war ein deutscher Schauspieler und Synchronsprecher. Nach dem Zweiten Weltkrieg erlernte er den Schauspielberuf und erhielt 1951 sein erstes Engagement am Theater in Greiz. Neben zahlreichen Auftritten auf verschiedenen Berliner Theaterbühnen war er in vielen Fernsehproduktionen zu sehen. In den 1960er-Jahren arbeitete Schiff auch als Sprecher für Hörspielproduktionen und gehörte unter anderem zum festen Ensemble des Puppentheaters „Die Kullerköpfe". Schiff arbeitete ebenfalls als Synchronsprecher bei der Eindeutschung von Filmen. Im Fernsehen trat er regelmäßig als Nebendarsteller in bekannten Serien wie „Drei Damen vom Grill" (als Otto Krause, genannt Ost-Otto) und „Liebling Kreuzberg" (als Rechtsanwalt Dr. Wolter) auf. Peter Schiff, der im Alter an Morbus Parkinson erkrankte, lebte zuletzt in Berlin-Zehlendorf, wo er an einer Lungenentzündung starb. Bestattet wurde Schauspieler Peter Schiff auf dem evangelischen Friedhof Nikolassee in Berlin. Dort erinnert ein Grabstein in Form eines Herzens an den beliebten Schauspieler.

Jürgen Lensch wurde am 25. Oktober 1925 geboren und war ein deutscher Tierarzt. Lensch hat sich etwa 40 Jahre lang mit der Erforschung und dem Schutz der doppelhöckrigen Kamele Zentralasiens und der in den Hochtälern des Himalaya lebenden Yaks beschäftigt. Er gründete 1992 die „Yak-Kamel-Stiftung", um die mehrfache Bedeutung der Tiere (auch als Milch-, Fleisch-, Leder- und Wolllieferant), die der der doppelhöckrigen Kamele in Zentralasien gleicht, bekannter zu machen und die Tiere damit zu schützen. Er starb am 16. März 2011 und wurde auf dem Friedhof Ohlsdorf beigesetzt.

Christian Hinrich wurde am 2. Mai 1945 geboren und war ein deutscher Maler und Künstler. Er wuchs in Hamburg, an der Ostsee und in Kampen auf. 1964 eröffnete er seine „Kampener Galerie". Im Jahr 1975 gründete Christian Hinrich den Verein „Kampener Kunstfreunde e.V." (seit 1986 umbenannt in Sylter Kunstfreunde e.V.). Er starb am 7. April 2011 und wurde auf dem Inselfriedhof in Keitum auf Sylt beerdigt.

Persönlichkeiten:
vergangen, aber nicht vergessen

Wo Persönlichkeiten ihre letzte Ruhe fanden

Liebe Leserinnen, liebe Leser: wir sind an dieser Stelle am Ende des Buches angekommen. Auf den folgenden Seiten 239 bis 245 finden Sie ein alphabetisches Personenregister, sowie nachfolgend eine Auflistung aller Friedhöfe, von denen sich Grabstätten in diesem Buch befinden. Auch die jeweilige Anschrift können Sie dort nachschlagen.

Abendroth, Amadeus	Seite 110
Adenauer, Konrad	Seite 72
Ahlefeldt, Mita von	Seite 115
Ahlers, Conrad	Seite 18
Altvater, Otto	Seite 183
Ambesser, Axel von	Seite 181
Apel, Hans	Seite 6
Arkuszewski, Uwe	Seite 178
Arndt, Claus	Seite 52
Arndt-Bruhns, Elke	Seite 60
Arnie, Ralf	Seite 97
Augstein, Rudolf	Seite 131
Avenarius, Ferdinand	Seite 131
Bach, Dirk	Seite 45
Bach, Franz Albert	Seite 168
Bader, Ernst	Seite 180
Bahr, Egon	Seite 117
Bahr, Max	Seite 89
Ballin, Albert	Seite 136
Baudissin, Wolf Graf von	Seite 134
Bauer, Eva Maria	Seite 135
Bäumken, Magda	Seite 123
Becker, Wolfgang	Seite 94
Behn, Alexander	Seite 20
Beil, Peter	Seite 15
Bessen, Edgar	Seite 137
Beust, Achim-Helge	Seite 152
Beyer, Frank	Seite 81
Bieber, Gotthilf Rudolph	Seite 105
Bisky, Lothar	Seite 38
Bleibtreu, Monica	Seite 187
Blessmann, Lilli	Seite 217
Blohm, Adolph Hermann	Seite 138
Blohm, Walther	Seite 164
Booth, John Richmond	Seite 229
Bootz, Erwin	Seite 22
Borchert, Wolfgang	Seite 27
Brandt, Willy	Seite 59
Brauer, Max	Seite 50
Bruhns, Werner	Seite 95
Brecht, Berthold	Seite 104
Buchholz, Ernst	Seite 212
Bülow, Bernhard von	Seite 191
Bullerdiek, Walther	Seite 35
Bußmann, Aline	Seite 210

Büll, Johannes	Seite 140
Carrell, Rudi	Seite 11
Carriere, Mareicke	Seite 47
Casper, Horst	Seite 118
Collande, Gislea von	Seite 172
Cora, Sexy	Seite 111
Christina, Claudia	Seite 65
Cicero, Roger	Seite 194
Cyprys, Werner	Seite 174
Dahlmann, Johannes	Seite 102
Dahmen, Josef	Seite 37
Dallmeier, Uwe	Seite 163
Dannenberg, Johann F. H.	Seite 42
Darboven, Johann Joachim	Seite 192
Dehmel, Ida	Seite 220
Dehmel, Richard	Seite 177
Dexel, Bernhard	Seite 86
Diercks, Carsten	Seite 13
Dietrich, Marlene	Seite 56
Dittmeyer, Rolf	Seite 107
Dohnyani, Hans von	Seite 124
Driftmann, Hans-Heinrich	Seite 79
Drucker, Ernst	Seite 228
Edelmann, Hanno	Seite 93
Ehre, Ida	Seite 23
Eickelbaum, Karin	Seite 114
Eisler, Hanns	Seite 129
Erhardt, Heinz	Seite 23
Ernst, Otto	Seite 198
Evers, Larry	Seite 211
Feddersen, Helga	Seite 96
Fehling, Jürgen	Seite 71
Pfahl, Ferdinand	Seite 146
Fichte, Hubert	Seite 19
Fitz, Peter	Seite 60
Flitzner, Wilhelm	Seite 217
Frahm, Ludwig	Seite 110
Frank, Horst	Seite 24
Frankenfeld, Peter	Seite 158
Frese, Hildeburg	Seite 74
Fritsch, Jens-Werner	Seite 21
Fritsch, Willy	Seite 18
Freundt, Hans	Seite 16
Fuhrmann, F. O.	Seite 165
Gaus, Günter	Seite 106

Georg, Götz	Seite 225
Georg, Konrad	Seite 193
Geschonick, Erwin	Seite 62
Gildo, Rex	Seite 40
Glowna, Vadim	Seite 118
Gmelin, Gerda	Seite 110
Göpelt, Ekki	Seite 189
Grabbe, Ernst	Seite 15
Gruner, Wolfgang	Seite 114
Gründgens, Gustav	Seite 32
Haber, Heinz	Seite 22
Hachmann-Zipser, Martha	Seite 112
Hackmann, Werner	Seite 92
Hagenbeck, Carl	Seite 34
Hamann, Evelyn	Seite 116
Hancke, Edith	Seite 61
Harnack, Ernst von	Seite 233
Hart, Julius	Seite 222
Hauptmann, Ivo	Seite 5
Hause, Alfred	Seite 132
Heartfield, John	Seite 127
Hehn, Albert	Seite 30
Hensch, Friedel	Seite 174
Hentschel, Stefan	Seite 229
Herrlich, Lotte	Seite 198
Hertz, Heinrich	Seite 207
Herz, Max	Seite 141
Hinrich, Christian	Seite 237
Hoff, Hein ten	Seite 91
Hollmann, Carlheinz	Seite 190
Iller, Bob	Seite 102
Itialiander, Rolf	Seite 142
Jahnn, Hans Henny	Seite 143
Jahr, Alexander	Seite 145
Jahr, John	Seite 31
Jahr, John (Senior)	Seite 79
Jary, Michael	Seite 12
Juhnke, Harald	Seite 42
Kabel, Heidi	Seite 186
Kalmar, Annie	Seite 21
Karasek, Hellmuth	Seite 147
Kaufmann, Erni	Seite 118
Kaun, Hugo	Seite 214
Kellner, Lonny	Seite 176
Kieling, Wolfgang	Seite 26

Klabunde, Erich	Seite 21
Klasen, Karl	Seite 101
Klipstein, Ernst von	Seite 14
Knef, Hildegard	Seite 63
Knoth, Hilde	Seite 101
Koch, Lotte	Seite 71
Kölln, Peter	Seite 65
Köpke, Karl-Heinz	Seite 29
Körber, Kurt A.	Seite 38
Krauß, Erika	Seite 55
Krekel, Hildegard	Seite 7
Kunzendorf, Paul	Seite 109
Laband, Fritz	Seite 48
Landahl, Heinrich	Seite 227
Lanker, Heinz	Seite 161
Lasse, Hermann	Seite 148
Last, James	Seite 17
Lauritzen, Lauritz	Seite 78
Lensch, Jürgen	Seite 237
Lenz, Siegfried	Seite 19
Lichtenfeld, Herbert	Seite 85
Lichtwark, Alfred	Seite 153
Liliencron, Detlev von	Seite 8
Lingenbrink, Georg	Seite 150
Linne, Otto	Seite 184
Litfaß, Ernst	Seite 39
Lohfink, Max	Seite 12
Lonzo	Seite 55
Loriot	Seite 90
Lothar, Hanns	Seite 103
Löwitsch, Klaus	Seite 58
Lüthje, Otto	Seite 121
Lühr, Peter	Seite 167
Lühring, Anna	Seite 100
Maertens, Willy	Seite 9
Mahler, Hans	Seite 218
Mann, Heinrich	Seite 39
Marcks, Gerhard	Seite 149
Marcuse, Herbert	Seite 126
Mares, Rolf	Seite 151
Maue, Karl-Otto	Seite 231
Mayen, Harry	Seite 14
Meier, Heinrich Christian	Seite 106
Menge, Wolfgang	Seite 64
Messtorff, Hermann	Seite 104

Meysel, Inge	Seite 36
Millowitsch, Willy	Seite 46
Mira, Brigitte	Seite 100
Monk, Egon	Seite 83
Moshammer, Rudolph	Seite 41
Mönter, Friedhelm	Seite 196
Melle, Werner von	Seite 197
Meusel, Marga	Seite 233
Mues, Dietmar	Seite 82
Neugebauer, Adolf	Seite 154
Nevermann, Paul	Seite 222
Newton, Helmut	Seite 49
Niehoff, Domenica	Seite 113
Noelte, Rudolf	Seite 108
Ohnsorg, Richard	Seite 24
Olden, John	Seite 10
Olias, Lotar	Seite 195
Onken, Johann Gerhard	Seite 202
Oskar	Seite 43
Ott, Edgar	Seite 169
Otto, Werner	Seite 13
OZ	Seite 201
Paetsch, Hans	Seite 57
Pfitzmann, Günter	Seite 41
Pilarczyk, Helga	Seite 166
Pleva, Jörg	Seite 45
Prasch, Rolf	Seite 224
Raddatz, Fritz	Seite 171
Radel, Frieda	Seite 122
Rademann, Wolfgang	Seite 97
Rau, Johannes	Seite 48
Ree, Anita	Seite 5
Reemtsma, Hermann Fürchtegott	Seite 188
Reemtsma, Philipp Fürchtegott	Seite 221
Reuter, Ernst	Seite 44
Riepel, Werner	Seite 87
Rittershaus, Erhardt	Seite 88
Rowohlt, Ernst	Seite 76
Rowohlt, Maria	Seite 73
Roland, Jürgen	Seite 34
Rockmann, Hermann	Seite 19
Ronny	Seite 54
Rosenthal, Hans	Seite 219
Ross, Rudolf	Seite 99
Rudnik, Barbara	Seite 57

Rudnik, Franz	Seite 182
Rühmhof, Eva	Seite 51
Rühmhof, Peter	Seite 44
Runge, Philipp Otto	Seite 230
Sabban, Kay	Seite 37
Sander, Otto	Seite 47
Schiff, Peter	Seite 236
Scheiblich, Jens	Seite 56
Schenker, Friedrich	Seite 119
Scherau, Walter	Seite 162
Schieske, Alfred	Seite 215
Schlüter, Henning	Seite 206
Schütter, Friedrich	Seite 58
Schmid, Norbert	Seite 70
Schmidt, Helmut	Seite 36
Schmidt, „Loki" Hannelore	Seite 27
Schnabel, Hermann	Seite 204
Scholl-Latour, Peter	Seite 66
Schröder, Gerhard	Seite 173
Schulz, Peter	Seite 84
Schumacher, Fritz	Seite 208
Schwichtenberg, Ingo	Seite 69
Sdudenk, Fritz	Seite 200
Seeler, Dieter	Seite 68
Seeler, Erwin	Seite 7
Seidel, Silvia	Seite 68
Shiridan, Tony	Seite 46
Sieks, Hilde	Seite 213
Siems, Christa	Seite 226
Sieveking, Amalie	Seite 80
Sievking, Kurt	Seite 159
Simo, Sven	Seite 133
Spier, Wolfgang	Seite 216
Springer, Axel	Seite 131
Spunkflasche, Heinz	Seite 49
Steffen, Manfred	Seite 72
Steinrück, Albert	Seite 157
Stoltenberg, Gerhard	Seite 86
Storm, Theodor	Seite 130
Struck, Peter	Seite 53
Suhrkamp, Peter	Seite 175
Szewczuk, Mirko	Seite 188
Tesdorpf, Adolph	Seite 155
Teufel, Fritz	Seite 75
Teuffert, Elsa	Seite 29

Traun, Heinrich	Seite 233
Tügel, Hans	Seite 205
Uhse, Beate	Seite 20
Vahl, Henry	Seite 25
Veigel, Werner	Seite 25
Vespermann, Gerd	Seite 66
Voscherau, Carl	Seite 26
Voscherau, Walter	Seite 28
Wald, Hubertus	Seite 213
Wallraff, Ferdinand Franz	Seite 170
Weisgerber, Antje	Seite 43
Weiß, Heinz	Seite 52
Weizsäcker, Richard von	Seite 51
Wendl, Annemarie	Seite 54
Westendorf, Paula	Seite 109
Westerwelle, Guido	Seite 67
Westphal, Michael	Seite 30
Wichern, Johann Heinrich	Seite 10
Wichert, Fritz	Seite 177
Willemsen, Roger	Seite 105
Winters, Lawrence	Seite 77
Wisberg, Frank	Seite 33
Woderich, Adolf	Seite 154
Woermann, Adolph	Seite 156
Wohlwill, Gretchen	Seite 122
Wolff, Christa	Seite 40
Wolff, Henry	Seite 185
Wolff, Joachim	Seite 9
Wulff, Hilde	Seite 119
Wussow, Klausjürgen	Seite 8
Zacharias, Helmut	Seite 33
Zahn, Peter von	Seite 203
Ziegel, Erich	Seite 139
Zimmermann, Eduard	Seite 6
Zweig, Arnold	Seite 128

Friedhöfe, auf denen die prominenten Persönlichkeiten dieses Buches ihre letzte Ruhe fanden:
1) Friedhof von St. Severinin Keitum auf Sylt, Munkmarscher Chaussee, Sylt (Keitum)
2) Friedhof Melaten, Aachener Straße 240, Köln
3) Waldfriedhof Grünwald, Tölzer Straße 43, Grünwald bei München
4) Friedhof Glücksburg, Bahnhofstraße 15, Glücksburg
5) Friedhof Oeversee, Am Brautplatz, Oeversee (bei Flensburg)
6) Evangelischer Friedhof Garstedt, Ochsenzoller Straße 43, Norderstedt

7) Friedhof der Dorotheenstädtischen und Friedrichwerderschen Gemeinden Chausseestraße, Chausseestraße 126, Berlin
Waldfriedhof Heerstraße, Trakehner Allee 1, Berlin
8) Luisenfriedhof III der evangelischen Luisenkirchengemeinde, Fürstenbrunner Weg 37-67, Berlin
9) Jüdischer Friedhof, Heerstraße/Scholzplatz, Berlin
10) Auferstehungskirche, Indira-Gandhi-Straße 110, Berlin
11) Evangelischer Friedhof Nikolassee, Kirchweg 8-12, Berlin
12) Städtischer Waldfriedhof Dahlem, Hüttenweg 47, Berlin
13) Städtischer Waldfriedhof Zehlendorf, Potsdamer Chaussee 75/Wasgensteig 30, Berlin
14) Städtischer Friedhof Zehlendorf, Onkel-Tom-Straße 30, Berlin
15) Evangelischer Friedhof Nikolassee, Kirchweg 8-12, Berlin
16) Friedhof Uelzen, Ripdorfer Str. 47, Uelzen
17) Friedhof Öjendorf, Manshardtstraße 200, Hamburg
18) Friedhof Ohlsdorf, Fuhlsbüttler Straße 756, Hamburg
19) Friedhof Bernadottestraße, Bernadottestraße 32, Hamburg
20) Hauptfriedhof Altona, Stadionstraße 5, Hamburg
21) Friedhof Holstenkamp, Holstenkamp 91, Hamburg
22) Friedhof Bergstedt, Volksdorfer Damm 261, Hamburg
23) Friedhof Bergedorf, August-Bebel-Straße 200, Hamburg
24) Friedhof Blankenese, Sülldorfer Kirchenweg 151, Hamburg
25) Evangelischer Friedhof Groß-Flottbek, Stiller Weg 28, Hamburg
26) Friedhof an der Dreifaltigkeitskirche, Horner Weg, Hamburg
27) Neuer und Alter Friedhof Niendorf, Promenadenstraße 8, Hamburg
28) Nienstedtener Friedhof, Nienstedtener Marktplatz 19, Hamburg
29) Waldfriedhof Volksdorf, Schmalenremen 55, Hamburg
30) Alter Friedhof Mölln, Hindenburgstraße, Mölln
31) Nordfriedhof München, Ungererstraße 130, München
32) Ostfriedhof München, Sankt-Martins-Platz, München
33) Steigfriedhof Bad Cannstadt, Sparrhärmlingweg 1, Stuttgart
34) Waller Friedhof, Im Freien Meer 32, Bremen
35) Alter St.-Jürgen-Friedhof, Schleswiger Straße, Husum
36) Waldfriedhof, Löwenburgstraße, Bad Honnef (Rhöndorf)
37) Parkfriedhof Eichhof, Eichhofstraße 56, Kiel

Viele Mitarbeiter in Friedhofsverwaltungen können davon ein Lied singen: „Wissen Sie wo das Grab von Schauspieler XY ist?" – mit dieser oder ähnlichen Frage werden sie fast täglich konfrontiert. Und wenn nicht gerade ein so genannter Sperrvermerk von den Angehörigen hinterlegt ist, wird die Frage meist auch beantwortet. Das Interesse an Grabstätten, insbesondere von prominenten Personen, ist groß. Deshalb habe ich auch dieses Buch geschrieben und einige meiner Fotos veröffentlicht. Damit das Sprichwort „aus den Augen, aus dem Sinn" und daraus resultierend „aus dem Sinn, aus dem Leben gelöscht" gar nicht erst hervor kommt, möchte ich mit diesem Nachschlagewerk dafür sorgen, dass alle Protagonisten gar nicht erst in Vergessenheit geraten. Sie alle haben – direkt oder indirekt – etwas für die Gesellschaft geschaffen.

Nun mag es aber natürlich auch Angehörige geben, die vielleicht meinen „wie können Sie bloß das Grab veröffentlichen, was fällt Ihnen ein?" Dazu möchte ich an dieser Stelle folgendes anmerken: Das Amtsgericht Mettmann hat sich mit seinem Urteil vom 16. Juni 2015 (Az.: 25 C 384/15) mit der Veröffentlichung von Grabfotos beschäftigt und ist zum Entschluss gekommen, dass eine Veröffentlichung von Grabstein-Fotos (in diesem Fall auf einer Webseite) grundsätzlich erlaubt ist.

Ich versichere, dass alle Grabsteine, die in diesem Buch wiedergegeben sind, für jedermann von öffentlich zugänglichen Stellen einsehbar sind. Nach der Rechtsprechung des BGH gibt es grundsätzlich kein „Recht am Bild der eigenen Sache", daher kann auch der Eigentümer eines Grabsteines keine Rechte geltend machen. Leider gibt es auch Friedhöfe, die sich im Recht sehen, das Fotografieren auf ihren Grundstücken zu verbieten. Auch hier gibt es aber einschlägige Gerichtsurteile, schließlich sind Friedhöfe allgemein zugänglich, da die Friedhofsordnung keine Beschränkung der Besucher auf einen bestimmten Personenkreis vorsieht. Anders verhält es sich bei gewerblichen Fotos (Kalender beispielsweise). Ich hoffe, dass ich mit diesem Buch und den ausgewählten Fotos von Grabsteinen von Persönlichkeiten einige „Oho, Aha"-Effekte verursacht habe und Sie vielleicht in Erinnerung an ihren Lieblingsschauspieler, Sportler oder vielleicht Politiker schwelgen. Ich jedenfalls fand (und finde) es sehr interessant, dass einige Persönlichkeiten einen großen, pompösen Grabstein, andere hingegen nur ein schlichtes Holzkreuz, wiederum andere eine Grabstele oder -platte haben.

Es grüßt Sie herzlichst Ihr **Tobi Thomsen**

Weitere Produkte von FoTe Press
Danke Landarzt – 26 Jahre rezeptfreie Unterhaltung

„Der Landarzt", ein Projekt, das sich im Laufe der Zeit zu einer der erfolgreichsten Familienserien im deutschen Fernsehen entwickelt. Die Serie mit Christian Quadflieg, Walter Plathe und von 2008 bis 2012 mit Wayne Carpendale in der Hauptrolle ist einer der wenigen Dauerbrenner auf dem Fernsehbildschirm. Zudem ist sie eine der am längsten laufenden Arzt- beziehungsweise Familienserien in der Fernsehgeschichte. In diesem Buch stellt Autor Matthias Röhe die Darsteller vor, beschreibt die Drehorte der Serie und zeigt eine Auflistung aller bisher gezeigten Folgen. Das große Landarzt-ABC mit Begriffen rund um die Serie, Interviews mit Gerhard Olschewski, Franziska Troegner und weiteren Darstellern, eine umfangreiche Vorstellung prominenter Gastdarsteller runden den Inhalt dieses Buches ab. Das Highlight dürften die zahlreichen Fotos von den Dreharbeiten sein. Set-Fotos, Arbeitsfotos, Portraits und Szenenfotos stellen einen großen Teil dar. In Fanbuch für alle Landarzt-Fans. Von der ersten bis zur letzten Filmklappe (1986 bis 2012). Danke Landarzt – 26 Jahre rezeptfreie Unterhaltung. ISBN: 978-3-7357-7921-2. Preis: 9,99 Euro. www.FoTe-Press.de/produkte.

Der Landarztfotograf – ein Portrait

Die Vorabendserie „Der Landarzt" ist ein Projekt, das sich im Laufe der Zeit (seit 1987) zu einer der erfolgreichsten Familienserien im deutschen Fernsehen entwickelt hat. Der Schleswiger Fotograf Kai Labrenz war von 1992 bis 2007 zum Teil als einziger Fotograf am Set und konnte einzigartige und exklusive Fotos mit seiner Spiegelreflexkamera einfangen. In dem Buch „Der Landarztfotograf" werden Erlebnisberichte von Kai Labrenz über die Dreharbeiten wiedergegeben – mit aussagekräftigen Fotos versehen. Set-Fotos, Arbeitsfotos, Portraits sämtlicher Haupt- und Nebendarsteller, sowie schöne Szenenfotos sind in diesem Buch enthalten. Freuen Sie sich auf tolle Fotos von den Klatschtanten aus Deekelsen, dem Landarzt Dr. Uli Teschner, Pastor Eckholm, sowie vielen Schwestern aus der Praxis. Für Fans der TV-Serie ist dieses Buch ein unbedingtes Muss im Bücherregal. Neben Erlebnisberichten und zahlreichen Fotos enthält dieses Werk zudem das Kapitel „Mit Kai Labrenz auf den Spuren des Landarztes". Sie bekommen interessante Hintergründe zu den genauen Drehorten der Serie. Der Fotograf Kai Labrenz, geboren 1961: über eine Ausbildung zum Bauzeichner erwachte sein Interesse an der Fotografie. Foto-Dokumentationen der Dreharbeiten zu vielen bekannten TV-Serien und –Produktionen wie „Tatort", „Der Fürst und das Mädchen" oder „Der Landarzt". Fotograf des Titels „Filmland Schleswig-Holstein". „Der Landarztfotograf", BoD, ISBN: 978-3-7347-5528-6. www.FoTe-Press.de/produkte.

Buch: „Wohnhäuser der Promis"

Wer möchte nicht gerne wissen, wo sein Lieblingsmoderator oder Schauspieler wohnt. Zu Lebzeiten ist eine Veröffentlichung der Wohnanschriften aus Daten- und Persönlichkeitsrechten nicht erlaubt – es sei denn, der Promi möchte, dass die Fans wissen, wo das Zuhause ist. In den meisten Fällen vermeiden prominente Persönlichkeiten allerdings, dass die Adressen an die Öffentlichkeit gelangen, damit Fans nicht irgendwann vor dem Hauseingang herum lungern.

Leider gibt es aber auch Todesfälle zu beklagen. Im März 2016 starb Sänger Roger Cicero plötzlich und unerwartet. Im August 2007 verstarb Schauspielerin Evelyn Hamann – um zwei Beispiele zu nennen. In Gedenken ihrer großartigen Leistung möchten viele Fans wissen, wo diese beiden Protagonisten lebten. Hatte Evelyn Hamann (sie wohnte in Hamburg) ein Einfamilienhaus? Wohnte sie an der Elbe, Alster oder doch in der Nähe der Bille? Die Antwort gibt es in dem 240seitigen Buch "Wohnhäuser der Promis" von Tobi Thomsen. In 206 Kurzbiografien stellt der Buchautor Persönlichkeiten aus Politik, Musik, Rundfunk, Unterhaltung und Sport vor und gibt die ehemaligen Wohnanschriften bekannt. Der Leser sieht eine Außenansicht der Gebäude. Außerdem erfährt der Leser den Ort der jeweils "letzten Wohnstätte": der Grabstätte.

Etwa 82 Millionen Menschen leben in Deutschland, darunter etwa 10.000 prominente Persönlichkeiten. Einige sorgen als TV-Moderator für gute Laune, verkünden als Sprecher Nachrichten, moderieren Radiosendungen, holen Titel in verschiedenen Sportarten nach Deutschland oder prägen beispielsweise als Architekten die Stadtbilder. Nicht zu vergessen Politiker, die in Deutschland die politische Richtung vorgeben und das Land regieren. Mit seinen 16 Bundesländern und 295 Landkreisen bietet Deutschland wunderschöne Plätze, sich häuslich niederzulassen.

In einer Auswahl von 206 Kurzbiografien werden in dem Buch „Wohnhäuser der Promis" interessante Persönlichkeiten vorgestellt, die in Deutschland ihre einstigen Wohn- und Wirkungsstätten hatten. Von Schauspieler Hans Albers über Witta Pohl, Roger Cicero, Helmut Schmidt, Gerda Gmelin, Sängerin Alexandra, Götz George, Günter Pfitzmann, Joachim Fuchsberger, Max Greger, Beate Uhse, Hellmuth Karasek, Vadim Glowna, Otto Sander, Evelyn Hamann, Helmut Schmidt, Willy Brandt bis zu TV-Journalist Peter von Zahn. Das Buch führt den Leser kreuz und quer durch Städte Deutschlands: von Glücksburg im Norden bis Grünwald im Süden, sowie Berlin im Osten und Köln im Westen des Landes. Das Buch soll an die 206 ausgewählten Persönlichkeiten erinnern. Sie haben etwas für Deutschland getan – direkt und indirekt – mit diesem Buch soll ihnen etwas postum zurückgegeben werden.

Buch: „Wohnhäuser der Promis", Autor: Tobi Thomsen, ISBN: 978-3-7412-9073-2.

Buch: „Die Kultbullen aus Hamburg"

Keiner der Beteiligten – weder Krimi-Altmeister Jürgen Roland noch die einstigen Hauptdarsteller Mareike Carrière und Arthur Brauss – dürften 1986 damit gerechnet haben, dass 30 Jahre später das „Großstadtrevier" bis zum heutigen Tage im Fernsehen läuft. Angefangen hat die Hamburger Polizeiserie mit einem brandheißen Thema: Ellen Wegener (Mareike Carrière) nahm als Beamtin im Streifendienst ihre Arbeit auf. Frauen im Polizeidienst waren in den 1980er Jahren bundesweit etwas Neues. Und so erregte die junge Polizistin im „Großstadtrevier" natürlich Aufsehen. Zum ersten Mal in der Geschichte des deutschen Fernsehens stand eine Frau im Mittelpunkt einer Polizeiserie. Den Bezug zu aktuellen Themen hat sich die beliebte ARD-Serie in all den Jahren bewahrt. Genauso wie sie seit 30 Jahren von den Machenschaften der „großen Haie" erzählt, hat sie liebevoll die Sorgen und Nöte der kleinen Leute auf dem Kiez im Blick. – Am 16. Dezember 1986 wird die erste Folge „Großstadtrevier" ausgestrahlt. Die Kultserie ist damit geboren und vom ersten Tag an erfolgreich. So erfolgreich, dass gleich nach Ausstrahlung weitere Folgen produziert und gesendet werden.

Heute schreiben wir das Jahr 2016 und noch immer werden in Hamburg und Umgebung weitere Folgen für diese Polizeiserie gedreht.

Zwar sind in der Zwischenzeit viele Köpfe gerollt, aber Witz und Charme sind geblieben. In diesem Buch werden Höhe- und Tiefpunkte der vergangenen 30 Jahre skizziert. Es ist eine ideale Ergänzung zu allen bisherigen Produkten der TV-Serie.

Die Hauptdarsteller von 1986 bis heute werden vorgestellt, es gibt Suchrätsel mit Begriffen zur Serie, Interviews mit einigen Darstellern, die prominenten Gastdarsteller werden vorgestellt. Eine Auflistung aller bisher ausgestrahlten Folgen runden den Inhalt ab - außerdem gibt es das Kapitel „300. Folge Großstadtrevier" mit Informationen über die Dreharbeiten in Bad Segeberg sowie das Kapitel „25 Jahre Dirk Matthies".

Das Nachschlagewerk umfasst 240 Seiten und ist bei Books on Demand (BoD) in Norderstedt erschienen, ISBN: 978-3-7431-5304-2. das Buch gibt es in jeder Buchhandlung käuflich zu erwerben oder ist unter www.FoTe-Press.de/produkte online zu bestellen.

Verschiedene Foto-CDs

Eine tolle Geschenkidee: Foto-CDs mit Motiven von verschiedenen Filmkulissen (unter anderem „Der Landarzt", „Tatort", „Die Wicherts von nebenan", „Großstadtrevier", „Der Fürst und das Mädchen", „Notruf Hafenkante"). Eine Foto-CD enthält 25 schöne Motive in großer Auflösung, die für verschiedene Zwecke (Poster, Postkarten, etc.) verwenden werden können. Preis: 10,00 Euro. Es sind unterschiedliche Kulissen wie Ortsschilder, Filmklappen, Gebäude von öffentlich zugänglichen Wegen auf den Foto-CDs enthalten. Zu bestellen sind die Foto-Cds unter www.FoTe-Press.de/produkte. Hinweis:es sind keine prominenten Personen abgebildet! Ausschließlich Kulissen sind auf den Foto-CDs enthalten.

Für Sammler ein unbedingtes Muss: eine Foto-CD mit Fotos verschiedener Einsatzwagen von Feuerwehr, Polizei, THW oder Rettungsdiensten. Wasserwerfer, Löschgruppenfahrzeuge, Leiterwagen, Krankentransportwagen; die unterschiedlichsten Fahrzeuge sind auf einer Foto-CD vertreten. Es gibt verschiedene Möglichkeiten: bestellen Sie eine Foto-CD mit nur einer Sorte Rettungseinheit (entweder Feuerwehr oder Polizei oder THW oder Rettungsdienst). Dann sind auf einer Foto-CD 150 Fotos von Fahrzeugen der entsprechenden Einheit drauf. Beispiel: Foto-CD Feuerwehr. Es befinden sich dann 150 Fotos der Feuerwehr auf dieser Foto-CD.
Oder Sie bestellen eine gemischte Foto-CD. Dann befinden sich auf der Foto-CD insgesamt 150 verschiedene Fotos von allen Einheiten. Beispiel: es sind dann auf dieser CD 50 Fotos mit Feuerwehrfahrzeugen, 20 vom DRK, 30 von der Johanniter Unfallhilfe, 50 Fahrzeugfotos der Polizei, der Rest sind Fahrzeuge des THW.
Die Fotos dürfen Sie dann für private Zwecke beliebig benutzen. Sie können daraus Poster oder Postkarten nachbestellen. Teilweise ist es auch möglich, dass Sie die Fotos für Ihre Homepage benutzen dürfen. www.FoTe-Press.de/produkte. Da stehen weitere Einzelheiten zu den Kaufmodalitäten bereit.

Diagnose langlebig: Der Landarzt

Es ist ein tolles Nachschlagewerk über die Fernsehserie „Der Landarzt". Ein interessantes Buch mit vielen Informationen über die TV-Serie, einer genauen Beschreibung „Wo ist Deekelsen" (den genauen Drehorten) und vielen Fotos von den Dreharbeiten. Tolle Setfotos, Szenenfotos, Portraits und Gruppenfotos von den Darstellern der Serie. Von den Anfängen mit Christian Quadflieg, Walter Plathe bis Wayne Carpendale. Ausführlich geht der Autor auf die Anfänge mit Uschi Glas ein, die während der Dreharbeiten schwanger wurde und die Filmarbeiten beenden musste. Gila von Weitershausen übernahm die Rolle der Annemarie Mattiesen, die den Fernsehzuschauern als beliebte Lehrerin aus Deekelsen bekannt ist. Alle bis zum Jahr 2010 ausgestrahlten Folgen sind chronologisch aufgelistet, zudem stellt der Autor die Hauptdarsteller detailliert vor. Zudem gibt es das Kapitel „gestorben in Deekelsen". Dort beschreibt der Autor, wer in den vergangenen Jahren verstorben ist. Das Buch „Diagnose langlebig: Der Landarzt" gibt es unter www.FoTe-Press.de/produkte und in jeder Buchhandlung. ISBN-13: 978-3-8391-3285-2, Preis: 9,99 Euro.

Raubtierjournalismus – der Kampf...

„Raubtierjournalismus – der Kampf ums beste Bild" beschreibt den Arbeitsalltag eines Fotografen, der Tag für Tag in den Pressegräben steht und am Roten Teppich prominente Persönlichkeiten abschießt. Ein Kampf ums beste Bild, denn neben ihm stehen Dutzende von „Kollegen", die einem das Leben ganz schön schwer machen. Tricks und Tipps, wie man gute Pressefotos fertigt und hinterher über eine Agentur vermarktet,

stehen in dem 148 Seiten umfassenden Buch. Wie kann man mit seinen Bildern Geld verdienen? Worauf kommt es bei einem Foto an? Wie sieht es mit den Rechten aus? Darf ich einfach Promis fotografieren und dann mit den Fotos machen, was ich will? Ein Hamburger Fotograf erzählt, wie er tagein und tagaus Pressetermine wahrnimmt, Fotos von Promis produziert, diese hinterher mit einem Programm fachgerecht beschriftet und bearbeitet und über eine Fotoagentur in Deutschlands Zeitungen und Zeitschriften bringt. Es ist ein langer Weg zu einer Veröffentlichung in einer Zeitung, Zeitschrift, Illustrierten oder einem Onlinemedium. Ein langer, ein kämpferischer Weg. In keinem anderen Beruf ist der Schritt vom Freund zum Feind so kurz, wie bei den Pressefotografen. Eben noch freundschaftlich geplaudert, steht auf einmal ein Feind neben einem. Mit allen Mitteln geht es hier um das beste Bild. Gerangel, Geschubse, Gedränge, Geschrei – immer wieder Beleidigungen, Verleumdungen, Manipulationen, Diebstähle. All dies gehört zum Berufsbild Pressefotograf dazu. ISBN-13: 978-3-8391-6680-2, Preis: 11,99 Euro.

Diagnose langlebig: „Der Landarzt"

Das Buch: mit vielen Informationen über die TV-Serie, einer genauen Beschreibung „Wo ist Deekelsen" und vielen Fotos von den Dreharbeiten. Tolle Setfotos, Szenenfotos, Portraits und Gruppenfotos von den Darstellern der Serie. Von den Anfängen mit Christian Quadflieg, Walter Plathe bis Wayne Carpendale. Ausführlich geht der Autor auf die Anfänge mit Uschi Glas ein, die während der Dreharbeiten schwanger wurde und die Filmarbeiten beenden musste. Gila von Weitershausen übernahm die Rolle der Annemarie Mattiesen, die den Fernsehzuschauern als beliebte Lehrerin aus Deekelsen bekannt ist. Alle bis zum Jahr 2009 ausgestrahlten Folgen sind chronologisch aufgelistet, zudem stellt der Autor die Hauptdarsteller detailliert vor. Das Buch „Diagnose langlebig: Der Landarzt" ist ausschließlich unter www.FoTe-Press.de/produkte zu bestellen.

Hochglanzmagazin: Diagnose langlebig: „Der Landarzt"

Seit dem Jahr 2000 begleitet Matthias Röhe die Dreharbeiten am Set des Landarztes und kennt sich mit der Serie gut aus. Neben einem ausführlichen Landarzt-ABC mit Begriffserklärungen zur Serie werden aktuelle wie auch frühere Darsteller portraitiert. Von Christian Quadflieg über Walter Plathe bis hin zu Wayne Carpendale. Auch prominente Gastdarsteller finden im Magazin ihren Platz: Die Ministerpräsidenten Björn Engholm und Peter-Harry Carstensen beispielsweise. „Wir haben Fotomaterial von Uschi Glas, die 1986 die weibliche Hauptrolle besetzte und wegen ihrer Schwangerschaft die Dreharbeiten abbrechen musste. Etwa 60.000 D-Mark wurden damals in den Sand gesetzt", gibt Matthias Röhe einige Details preis. Einen weiteren Schwerpunkt bildet die Rubrik „Wo ist Deekelsen" mit vielen Geheimtipps über die Drehorte. Hunderte Touristen aus ganz Deutschland, Österreich und der Schweiz kommen nach Schleswig-Holstein, um sich die Drehorte im Original anzuschauen. Landarzt-Kreuzwort-Rätsel, ein Landarzt-Rezept – ideal zum Nachkochen, einen Überblick über die einzelnen Folgen, sowie die Rubrik „Gestorben in Deekelsen" – wer alles in den vergangenen Jahren verstorben ist – runden das Informationsmagazin ab. Auf vielen Seiten findet sich eine exklusive Foto-Visite mit einmaligen Szenenfotos. Für jeden Landarzt-Fan ist das neue Hochglanzmagazin (erschienen 01/2010) ein Muss! Das Magazin, mit Hunderten Farbfotos aus den Jahren 1986 bis 2010, kann unter www.FoTe-Press.de/Deekelsen bestellt werden und kostet nur 3,99 Euro.

Das Team vom PK 21 und EKH

„Notruf Hafenkante" zählt mit bis zu 4,9 Millionen Zuschauern zu den erfolgreichsten Fernsehserien im Vorabendprogramm des Deutschen Fernsehens. Im Durchschnitt schauen sich etwa 3,6 Millionen Menschen jede einzelne Folge an. Von 2007 bis 2015 wurden bereits 217 Episoden ausgestrahlt. Dabei handelt es sich um eine Mischung aus Polizei-, Arzt- und Familienserie. Im Vordergrund stehen Geschichten aus dem Alltag der Hamburger Polizisten des Kommissariats 21 in der Speicherstadt, sowie den Ärzten aus dem Elbkrankenhaus. Kurzum: „Notruf Hafenkante" ist eine Serie über den Berufsalltag Hamburger Streifenpolizisten und Notärzten, eingebettet mit netten Geschichten Hamburger Bürger.

Das Polizeikommissariat 21 liegt direkt an der Hafenkante. Dabei handelt es sich um eine Uferlinie, die an Neumühlen beginnt, den St. Pauli Landungsbrücken vorbeiführt und bis zur Speicherstadt und der neuen Hafen-City reicht. Das Buch gibt Einzelheiten über die Drehorte der Serie, beschreibt die Charaktere der Polizisten und Ärzte und stellt die Hauptdarsteller vor. Natürlich sind auch berühmte Gastdarsteller berücksichtigt: so standen schon Sky du Mont, Lotto King Karl, Katy Karrenbauer, Karl Dall, Renate Delfs oder beispielsweise Heide Keller vor der Kamera und wirkten in einzelnen Folgen mit.

Der Autor stellt die Hauptdarsteller der Serie von 2007 bis 2015 vor, macht auf Filmfehler aufmerksam, gibt Hintergrundinformationen über die genauen Drehorte und listet in diesem Nachschlagewerk alle bisher ausgestrahlten Folgen auf. Viele Fotos vom Set, die bei Dreharbeiten in Hamburg entstanden runden den Inhalt des Buches ab. ISBN: 978-3-7386-2492-2, BOD, Norderstedt. Preis: 9,99 Euro.

Das Ergänzungsbuch mit dem Titel „Das Team vom PK 21 und EKH II" ist ebenfalls für 9,99 Euro erhältlich. Neue Fotos, zum Teil weitere Kapitel mit zwei Such-Rätseln. ISBN: 978-3-7386-2929-3, BoD.

Hamburg – hier lebten unsere Promis

Hamburg, die Stadt an Alster, Elbe und Bille ist einer der beliebtesten Wohnorte in ganz Deutschland. Mit seinem besonderen Charme, seinen vielen Grünflächen, seinen Gegensätzen zwischen lebendiger Innenstadt und dem ruhigen, dörflichen Rahlstedt oder Osdorf machen die Hansestadt für etwa 1,75 Millionen Menschen interessant. Als internationale Handels- und Hafenstadt steht Hamburg bis heute für Reichtum und Noblese. In der Hansestadt leben die meisten Millionäre (Einkommensmillionäre gemessen an der Einwohnerzahl in Hamburg nach einer Erhebung des Statistischen Bundesamts). Wo sich etwa 1,75 Millionen Menschen wohl fühlen, mischen sich auch viele prominente Persönlichkeiten unters Volk. Viele sorgen als TV-Moderator für gute Laune, verkünden als Sprecher Nachrichten, moderieren Radiosendungen, holen Titel in verschiedenen Sportarten nach Hamburg oder prägen als Architekten das Stadtbild Hamburgs. In einer Auswahl von 79 Kurzbiografien werden in dem Buch „Hamburg - hier lebten unsere Promis" interessante Persönlichkeiten vorgestellt, die in Hamburg und Umgebung ihre einstigen Wohn- und Wirkungsstätten hatten. Sie haben etwas für die Hansestadt Hamburg getan - direkt und indirekt - mit diesem Buch soll ihnen etwas postum zurückgegeben werden. „Hamburg – hier lebten unsere Promis", BoD, ISBN-13: 978-3-7347-4600-0, Preis: 9,99 Euro.

Drehort Schleswig-Holstein

Elf Kreise – unzählige Kulissen. Schleswig-Holstein ist Anziehungspunkt für Film- und Fernsehmacher. Jahr für Jahr entstehen etliche Sendeminuten im Land zwischen den Meeren. In seinem Buch „Drehort Schleswig-Holstein" verrät Autor Matthias Röhe Kulissen vieler Serien und Filme. In welcher Stadt ermittelt „Das Duo"? Wo ist die Praxis vom „Landarzt"? Wo jagen die Wächter von Lübeck in „Vier gegen Z" den gemeinen Zanrelot? In welcher Stadt spürt Hund Kalle den Dieben auf und in welchem Gewässer ermitteln die Wasser- schutzpolizisten der „Küstenwache"? Der Autor des Buches gibt Basisangaben der Serien und Fil-me, beschreibt die Drehorte und zeigt eine große Auswahl an Fotos. Das nördlichste Bundesland zeigt sich als idealer Medienstandort. Radio- und Fernsehsender, sowie ausgewählte Filmgesellschaften werden in dem Buch vorgestellt. Schleswig-Holstein ist mehr als nur Schauplatz, Drehort und Medienstandort. Zahlreiche Prominente aus Film und Fernsehen leben in Schleswig-Holstein. Sie haben Schleswig-Holstein zu ihrem Dreh- und Angelpunkt gemacht. Ausgewählte schleswig-holsteinische Promis stellt Matthias Röhe vor und verrät bei einigen, in welchem Landesteil beziehungsweise welcher Stadt sie wohnen. Selbstverständlich sind keine genauen Adressen zu erfahren, aber dennoch dürfte es bei Lesern Interesse wecken zu erfahren, in welchem Gebiet Schleswig-Holsteins sie zu Hause sind.
Drei Kapitel, ein Buch: Drehort Schleswig-Holstein ist in jeder Buchhandlung oder unter www.fote-press.de/produkte zu bestellen.

Hamburg – hier lebten unsere Promis II

Hamburg, die Stadt an Alster, Elbe und Bille ist einer der beliebtesten Wohnorte in ganz Deutschland. Mit seinem besonderen Charme, seinen vielen Grünflächen, seinen Gegensätzen zwischen lebendiger Innenstadt und dem ruhigen, dörflichen Ohlstedt oder Bergedorf machen die Hansestadt für etwa 1,75 Millionen Menschen interessant. Als internationale Handels- und Hafenstadt steht Hamburg bis heute für Reichtum und Noblese. In der Hansestadt leben die meisten Millionäre (Einkommensmillionäre gemessen an der Einwohnerzahl in Hamburg nach einer Erhebung des Statistischen Bundesamts). Wo sich etwa 1,75 Millionen Menschen wohl fühlen, mischen sich auch viele prominente Persönlichkeiten unters Volk. Viele sorgen als TV-Moderator für gute Laune, verkünden als Sprecher Nachrichten, moderieren Radiosendungen, holen Titel in verschiedenen Sportarten nach Hamburg oder prägen als Architekten das Stadtbild Hamburgs. In einer Auswahl von 79 Kurzbiografien werden in dem Buch „Hamburg - hier lebten unsere Promis" interessante Persönlichkeiten vorgestellt, die in Hamburg und Umgebung ihre einstigen Wohn- und Wirkungsstätten hatten. Sie haben etwas für die Hansestadt Hamburg getan - direkt und indirekt - mit diesem Buch soll ihnen etwas postum zurückgegeben werden. „Hamburg – hier lebten unsere Promis II", BoD, ISBN-13: 978-3-8334-9006-4, Preis: 9,99 Euro.

Tagebuch eines Exhibitionisten

Norman Schulz ist Exhibitionist. Der aus Essen stammende Zeigefreudige beschreibt seine Gefühle, wenn er sich vor fremdem Publikum entblößt. Außerdem gibt er seine Gedanken preis, wenn er von Frauen in der Öffentlichkeit gesehen wird. Was er alles als Exhibitionist erlebt hat, sei es mit Polizisten, Richtern und Betroffenen, beschreibt er detailliert in seinem Buch. Abgerundet wird das Buch mit Gerichtsurteilen zum Thema „Exhibitionismus", Witzen, zum Teil kuriosen Zeitungsartikeln und Zukunftsplänen des Justizministeriums zum Sexualstrafrecht. Außerdem enthält es Fotos und Karikaturen, sowie eine Umfrage unter 100 Frauen, wie sie zum Thema Exhibitionismus stehen. Erschienen im Januar 2016. Zu bestellen unter www.FoTe-Press.de/produkte. Preis: 8,99 Euro. 240 Seiten.

Die Kultbullen aus Hamburg

Anfang 1986 fällt die erste Filmklappe — am 16. Dezember des gleichen Jahres wird die erste Folge unter dem Titel „Mensch, der Bulle ist `ne Frau" ausgestrahlt. Die Serie Großstadtrevier ist geboren und vom ersten Tag an erfolgreich. So erfolgreich, dass gleich nach Ausstrahlung weitere Folgen produziert und gesendet werden. Heute schreiben wir das Jahr 2011 und noch immer werden in Hamburg und Umgebung Folgen für diese Serie gedreht. Zwar sind in der Zwischenzeit viele Köpfe gerollt, aber Witz und Charme sind geblieben. Bemerkenswert: in den vergangenen 25 Jahren gab es nicht mal zehn Todesfälle in der Serie und wenig Blutvergießen.

In dem Buch „Die Kultbullen aus Hamburg" werden Höhe- und Tiefpunkte der vergangenen 25 Jahre skizziert. Es ist eine ideale Ergänzung zu allen bisherigen Produkten der TV-Serie. Die Hauptdarsteller von 1986 bis heute (von Arthur Brauss, Kay Sabban, Mareike Carriére über Peter Neusser, Dorothea Schenck und Edgar Hoppe bis hin zu Jan Fedder, Marc Zwinz und Sophie Moser) werden vorgestellt.

Es gibt Suchrätsel mit Begriffen zur Serie, Interviews mit einigen Darstellern, die prominenten Gastdarsteller werden vorgestellt. Zahlen, Daten, Fakten über die TV-Serie „Großstadtrevier" werden gegeben. Eine Auflistung aller bisher ausgestrahlten Folgen runden den Inhalt ab – außerdem gibt es das Kapitel „300. Folge „Großstadtrevier" mit Informationen über die Dreharbeiten in Bad Segeberg.

Außerdem sind in diesem Buch ganz viele Fotos von den Darstellern, Arbeitsfotos, Setbilder und viele Portraits der Darsteller enthalten. Erschienen im August 2011 im Verlag Books on Demand, Norderstedt. ISBN-13: 978-3-8423-7329-7. Seitenzahl: 124. Preis: 9,99 Euro.

Gleicher Inhalt, gleicher Name. Aber in diesem Buch sind weit über 370 tolle Farbfotos – und darüber hinaus zahlreiche weitere Fotos in schwarzweiß zu sehen. Auf 104 Seiten finden Sie auch in diesem Nachschlagewerk alles Wissenswertes zur Polizeiserie „Großstadtrevier". Das Buch „Die Kultbullen aus Hamburg" ist am 27. Oktober 2011 erschienen, ISBN: 978-3-8423-8349-4. Preis: 11,99 Euro, Books on Demand, Norderstedt.

„Deutschland – hier lebten unsere Promis"

In einer Auswahl von 79 Kurzbiografien werden in dem Buch „Deutschland – hier lebten unsere Promis" interessante Persönlichkeiten vorgestellt, die in Deutschland ihre einstigen Wohn- und Wirkungsstätten hatten. Von Schauspieler Hans Albers über Witta Pohl, Evelyn Hamann, Gerda Gmelin, Gerty Molzen, Helmut Schmidt, Willy Brandt, Sängerin Alexandra, Günter Pfitzmann, Günter Willumeit, bis zu Nachrichtensprecher Peter von Zahn. Das Buch führt den Leser kreuz und quer durch Städte Deutschlands: von Glücksburg im Norden (Beate Uhse) bis Grünwald im Süden (Joachim Fuchsberger), sowie Berlin im Osten (Harald Juhnke) und Köln im Westen (Willy Millowitsch) des Landes. Das Buch soll an die 79 ausgewählten Persönlichkeiten erinnern. Sie haben etwas für Deutschland getan – direkt und indirekt – mit diesem Buch soll ihnen etwas postum zurückgegeben werden.

Menschen hinterlassen auf ihrer Odyssee durch die Jahrtausende eine Vielzahl von Spuren, die an das eigene Leben und Wirken erinnern sollen. Zum Beispiel an alltägliche oder außerordentliche Ereignisse, aber auch an herausragende Persönlichkeiten aus Unterhaltung, Sport, Politik oder Wirtschaft.

In langer Tradition stehen Gedenken und Erinnern und werden bis heute in verschiedenen Formen dargestellt: Ob als Höhlen- und Felsmalerei, als Pyramide, auf Friedhöfen als Gedenkstein oder -stätte, als Skulptur oder Plastik, als Denkmal oder Mausoleum. Nach Berliner Vorbild könnten in naher Zukunft vielleicht auch in Hamburg, München, Köln, Frankfurt oder in welcher Stadt auch immer mehr von solchen Gedenktafeln aufgestellt werden. Natürlich nur, wenn der Hauseigentümer damit einverstanden ist. Aber Argumente und Gründe gibt es sicher viele: In Erinnerung an großartige Persönlichkeiten, die sich in Deutschland durch hervorragende Leistungen in verschiedenen Bereichen hervorgehoben haben. 79 von ihnen werden auf in diesem schmalen Nachschlagewerk vorgestellt. Der Leser erfährt auf 78 Seiten in Form von Kurzbiografien, warum genau diese Protagonisten zu den Persönlichkeiten gehören und womit sie sich verdient gemacht haben.

Angaben zum Buch: Taschenbuch, 78 Seiten, erschienen bei Books on Demand (November 2015). ISBN: 978-3-7392-1063-6. Preis: 9,99 Euro. Es ist ab sofort in jeder Buchhandlung oder im Internet unter www.fote-press.de/produkte zu bestellen.

„Komparsen-Guide – So komme ich ins Fernsehen"

Faszination Film und Fernsehen: Für viele ist es ein Traum, in einer TV-Serie oder einem Kinofilm mitzumachen. Entweder wollen sie von ihrem Freundeskreis zu hören bekommen „Hey, ich habe dich gestern im Fernsehen gesehen. Cooler Auftritt" oder sie wollen einfach mal Filmluft schnuppern und bei Dreharbeiten von Serien wie „Großstadtrevier", „SoKo Wismar", „Stubbe – von Fall zu Fall", „Alarm für Cobra 11" oder beispielsweise „Der Bergdoktor" hautnah dabei sein. Als Komparse oder Kleindarsteller kann dieser Traum Wirklichkeit werden.

Der „Komparsen-Guide – So komme ich ins Fernsehen" gibt Einblicke in die Komparserie und gibt hilfreiche Tipps für den Fall, dass auch Sie einmal als Komparse oder Kleindarsteller in einer Serie, Reihe oder einem Film vor der Kamera stehen möchten.

Dieses Buch beschreibt beispielhaft in Form von Erlebnisberichten, was die Aufgabe eines Komparsen sein kann, erklärt den ersten Schritt bezüglich der Kontaktaufnahme zu einer Komparsen- oder Castingagentur und gibt Details zu den Abläufen eines Komparsenauftritts. Eine Frage taucht ebenfalls immer wieder auf: „Wie läuft es bei den Dreharbeiten eigentlich ab?" In dem „Komparsen-Guide – so komme ich ins Fernsehen" werden genau diese Fragen beantwortet.

Sie erhalten detaillierte Informationen in Form von Erlebnisberichten über verschiedene Aufgaben eines Komparsen. Versetzen Sie sich gerne in die jeweilige Situation und fragen Sie sich gerne zwischendurch „Kann ich das auch?" – und wenn Sie diese Frage mit einem eindeutigen „Ja" beantworten können, lesen Sie sich durch die folgenden Seiten dieses Buches. Verinnerlichen Sie den einen oder anderen Hinweis, den vielleicht ausschlaggebenden Tipp und dann nichts wie hin zu einer der vielen Komparsen- und Castingagenturen. Jeder hat eine Chance: ob jung oder alt, mit roten, blonden oder schwarzen Haaren. Ob mit Voll- oder Dreitagebart, mit Tattoos oder auffälligen Schnurrbärten. Ob klein oder groß, dick oder dünn. Im Prinzip wird jeder Typ gefragt. Auch die Aufgaben sind unterschiedlich: so werden „echte Polizisten" auch gerne mal als Polizisten eingesetzt, genauso wie „echte Handwerker" ein Bad im Hintergrund fachgerecht einrichten. „Komparsen-Guide – So komme ich ins Fernsehen", Taschenbuch: 144 Seiten, Books on Demand. ISBN-Nr: 978-3-7386-5715-9. Preis: 6,99 Euro.

Auch unter www.FoTe-Press.de/produkte ist das Buch erhältlich.

Jeden Montag gehen die Beamten des 14. Polizeireviers auf Streife und in der ARD auf Sendung. „Großstadtrevier" ist eine Vorabendserie, die seit dem Jahre 1986 mit großem Erfolg im deutschen Fernsehen läuft. Fast 300 gedrehte Folgen wurden bis 2009 in 23 Staffeln produziert. Im Jahr 2005 wurde die Serie mit der „Goldenen Kamera" als beste Kultserie ausgezeichnet. Die Handlungen lassen sich kurzum erzählen: Polizeialltag auf dem Hamburger „Kiez". Im Buch „Das 14. Revier" erzählt der Autor über die Drehorte, beschreibt die Charaktere der Figuren und stellt die Darsteller vor. Alle bis zum Jahr 2009 ausgestrahlten Folgen im Überblick, eine Auflistung prominenter Gastdarsteller, sowie eine umfangreiche Bilderstrecke runden den Inhalt ab. Eine Besonderheit dürfte die Kategorie Filmfehler sein. So geht der Autor auf formale, inhaltliche und Kamerafehler ein. Zudem sind Interviews mit drei Hauptdarstellern in dem Buch veröffentlicht. Für Fans der Serie ein Muss! Das Buch ist eine ideale Ergänzung zu allen bisherigen veröffentlichten Büchern und Produkten dieser Serie. Viele Szenen- und Arbeitsfotos vom Set!
Buch „Das 14. Revier", ISBN-13: 978-3-8391-2690-5, BoD, Preis 9,99 Euro.

Hamburg: Stadt wie im Film

Hamburg ist Anziehungspunkt für zahlreiche Film- und Fernsehmacher. Täglich entstehen etliche Sendeminuten in der Millionenmetropole an Elbe, Alster und Bille. Es gibt keinen Stadtteil, der nicht von Filmemachern als Kulisse dient. In seinem Buch „Hamburg – eine Stadt wie im Film" verrät Autor Matthias Röhe Kulissen vieler Serien und Filme. Wo beamen sich die Mädels aus „Emmas Chatroom" nach Hamburg? In welchem Stadtteil ermitteln die Pfefferkörner? Wo ist das Revier 14 aus dem Großstadtrevier? Wo jagen die Wächter aus „4 gegen Z" den gemeinen Zanrelot? Wo steht das Kriminaltechnische Institut der Gerichtsmedizinerin? Der Autor gibt Basisangaben der Serien und Filme, beschreibt die Drehorte und zeigt eine Auswahl an Fotos. Hamburg zieht nicht nur Filmemacher in die Stadt, sondern die Hansestadt an der Elbe zeigt sich als idealer Medienstandort. Ein Streifzug durch die Medienlandschaft Hamburgs mit vielen Infos und Fotos.
Hamburg ist viel mehr als nur Schauplatz und Drehort. Zahlreiche Prominente aus Film und Fernsehen leben in der Hansestadt. Sie haben Hamburg zu ihrem Dreh- und Angelpunkt gemacht.
Drei Themen, ein Buch: „Hamburg – eine Stadt wie im Film", käuflich zu erwerben auf der Seite www.FoTe-Press.de/produkte für den Preis in Höhe von 9,99 Euro.